W0033714

Zu diesem Buch

Simone de Beauvoir, geboren am 9. Januar 1908 in Paris und dort gestorben am 14. April 1986, ist eine führende Repräsentantin des französischen Existentialismus in der Literatur. An der Sorbonne studierte sie Philosophie, bereiste schon als Studentin Europa, Nordafrika und Amerika. Von 1931 bis 1941 unterrichtete sie an verschiedenen Lyzeen in Marseille, Rouen und Paris. Noch während ihres Studiums lernte sie Jean-Paul Sartre kennen, dem sie bald Lebensgefährtin und geistige Weggenossin wurde. Ihre erzählenden, dramatischen und essayistischen Arbeiten sind von dialektisch-materialistischem und existentiellem Denken bestimmt.

In der Reihe der rororo-Taschenbücher erschienen: «Das Blut der anderen» (Nr. 545), «Die Mandarins von Paris» (Nr. 761), «Ein sanfter Tod» (Nr. 1016), «Memoiren einer Tochter aus gutem Hause» (Nr. 1066), «In den besten Jahren» (Nr. 1112), «Der Lauf der Dinge» (Nr. 1250), «Alle Menschen sind sterblich» (Nr. 1302), «Sie kam und blieb» (Nr. 1310), «Die Welt der schönen Bilder» (Nr. 1433), «Eine gebrochene Frau» (Nr. 1489), «Alles in allem» (Nr. 1433), «Marcelle, Chantal, Lisa ...» (Nr. 4755), «Soll man de Sade verbrennen?» (Nr. 5174), «Die Zeremonie des Abschieds» (Nr. 5747), «Das andere Geschlecht» (Nr. 6621) und «Das Alter» (Nr. 7095).

Ferner liegt als rororo Nr. 4921 das Buch von Axel Madsen vor: «Jean-Paul Sartre und Simone de Beauvoir. Die Geschichte einer ungewöhnlichen Liebe». In der Reihe «rowohlts monographien» erschien als Band 260 eine Darstellung Simone de Beauvoirs mit Selbstzeugnissen und Bilddokumenten von Christiane Zehl Romero, die eine ausführliche Bibliographie enthält.

Alice Schwarzer, geboren am 3. Dezember 1942 in Wuppertal, veröffentlichte unter anderem «Frauen gegen den § 218» (1971), «Frauenarbeit, Frauenbefreiung» (1973), «Der kleine Unterschied und seine großen Folgen» (1975), «So fing es an! 10 Jahre Frauenbewegung» (1981). Seit 1977 Herausgeberin und Verlegerin von «Emma». Als rororo-Taschenbücher erschienen: «Sexualität» (Nr. 7830) und «Mit Leidenschaft» (Nr. 7945).

Alice Schwarzer

Simone de Beauvoir heute

Gespräche aus zehn Jahren
1971–1982

Rowohlt

Veröffentlicht im Rowohlt Taschenbuch Verlag GmbH,
Reinbek bei Hamburg, Juni 1986
Copyright © 1983 by Rowohlt Verlag GmbH,
Reinbek bei Hamburg
Bibliographische Hinweise und Fotonachweis
siehe Seite 120
Umschlagentwurf Klaus Detjen
Foto: Klaus Pietzsch, Paris
(Simone de Beauvoir im Gespräch mit Alice Schwarzer)
Gesamtherstellung Clausen & Bosse, Leck
Printed in Germany
680-ISBN 3 499 15937 6

Inhalt

«Zweifellos ist es bequemer, in blinder Unter-
werfung zu leben, als an seiner Befreiung zu
arbeiten: auch die Toten sind der Erde besser
angepaßt als die Lebenden.»

Simone de Beauvoir in
Das andere Geschlecht

Vorwort

Das erste Mal traf ich sie im Mai 1970. Es war eine eher reservierte Begegnung. Ihrerseits. Und eine zufällige. Denn eigentlich war ich wegen Sartre da. Es war die Zeit des sogenannten Pariser «Mini-Mai» 1970. Die Tage und Wochen der skandalösen politischen Prozesse vor dem paramilitärischen Sondergerichtshof in Paris (der erst vom Mitterrand-Regime aufgelöst wurde). Angeklagt waren da vor allem französische Maoisten, Kinder des Barrikaden-Mais, die den Schwerpunkt ihrer politischen Arbeit auf Fabriken und Obdachlosensiedlungen gelegt hatten. Als Katalysator wilder (und oft gewaltvoller) Arbeitskämpfe und sozialer Revolten spielten sie in diesen Jahren eine nicht unwichtige politische Rolle. Fabrikbesetzungen und Geiselnahmen von Vorarbeitern oder Chefs waren an der Tagesordnung. Das Regime reagierte prompt, Gesetze wurden geändert (auf Fabrikbesetzung mit Geiselnahmen gab es nun «lebenslänglich»), und die Polizeimaschinerie wurde perfektioniert. Die agitierenden jungen Intellektuellen, die in die Fabriken und Vorstädte gegangen waren, wurden verhaftet und verfolgt. Einige tauchten unter. Die Prozesse gegen die Bekanntesten unter ihnen lösten heftige öffentliche Debatten und schwere Straßenschlachten zwischen Demonstranten und Polizei aus.

Ich war in dieser Zeit freie Korrespondentin in Paris. Die Folgen des Mai '68 und vor allem auch die sozialen und die Arbeitskämpfe gehörten zu meinen besonderen Interessen- und Arbeitsgebieten. Eine der uns in Frankreich, wie in der Bundesrepublik, brennend interessierenden Fragen dieser Zeit war die Frage nach der «revolutionären Gewalt»: Hat man das Recht zum Widerstand, und wenn ja, wie weit darf die «Gegengewalt» gehen?

Zu dieser Zeit sympathisierte Jean-Paul Sartre offen mit den Maoisten, diente ihnen als Schutzschild und Agitator, war presserechtlich verantwortlich für die Maoisten-Zeitschrift *La Cause du Peuple* («Die Sache des Volkes»), verteilte vor den Fabriken von Renault demonstrativ Flugblätter und machte bei den Polit-Prozessen vielbeachtete und unbequem kritische Aussagen. An einem dieser Prozeßtage hatte er mir ein Interview zur Frage der «revolutionären Gewalt» zugesagt.

Und da saß ich nun in seiner Ein-Zimmer-Wohnung am Boulevard Raspail. Interviewzeit: dreißig Minuten. Kurz vor Ende des konzentrierten Gesprächs dreht jemand den Schlüssel im Schloß und betritt die Wohnung: Simone de Beauvoir. Sie wirft einen kurzen, irritierten Blick auf mich, erinnert Sartre knapp, fast schroff daran, daß sie beide gleich eine Pressekonferenz hätten, und setzt sich wartend an Sartres Schreibtisch im Hintergrund des Zimmers. Ich spüre ihre Verärgerung über die Verzögerung und werde verlegen. Erstmals lerne ich Beauvoirs «tête-de-chameau» (wörtlich übersetzt: Kamel-Kopf) kennen, das heißt ihre berüchtigte abweisende Miene, wenn ihr Situationen oder Menschen nicht passen. Sie ist, das begreife ich später, ein sehr absoluter Mensch. Kehrseite der Medaille: Wen sie einmal ins Herz geschlossen hat, der ist da auch nur schwer wieder zu entfernen.

Nach dem Interview fahren wir zu dritt in dem engen Aufzug in Sartres Haus nach unten. Meine zaghaften Konversationsversuche läßt sie barsch abprallen.

Machte nichts. Für mich war es dennoch eine wirklich bewegende Begegnung. Begegnung mit der Autorin des Buches *Das andere Geschlecht*, dieses «Leuchtfeuers, das Simone de Beauvoir für die Frauen der zweiten Jahrhunderthälfte als Orientierung angezündet hat», wie vor einigen Jahren einmal eine Kollegin schrieb – und das ist keineswegs zuviel gesagt. In der Nacht, die vor der Existenz der neuen Frauenbewegung herrschte, war *Das andere Geschlecht* so etwas wie ein Geheimcode, den wir erwachenden Frauen uns weitergaben. Und die Person Simone de Beauvoir, die Summe ihres Werkes und ihres Lebens, war – und ist – Symbol: Symbol für die Möglichkeit, trotz allem ein ganzes Stück selbstbestimmt und frei von Konventionen und Vorurteilen zu leben, auch als Frau.

In den Monaten nach diesem Mai 1970 überstürzten sich die politischen Ereignisse. Noch im Sommer bildeten sich die ersten Frauengruppen, im September stieß ich dazu, im Frühling lancierten wir, der MLF (Mouvement de la libération des femmes), eine spektakuläre Kampagne gegen das Abtreibungsverbot. 343 Frauen, darunter etliche bekannte, erklärten öffentlich: «Ich habe abgetrieben, und ich fordere dieses Recht für jede Frau!» Simone de Beauvoir war dabei.

Noch wenige Monate zuvor hatte die erste Kollektiv-Publikation französischer Feministinnen *(L'an zero)* nichts Eiligeres zu tun gehabt, als Simone de Beauvoir anzurempeln: Sartre-fixiert sei sie, und außerdem schreibe sie in einem Männerblatt (in *Les Temps Modernes)*. «Darüber habe ich mich schon geärgert», erinnert Beauvoir sich noch heute.

Gleichzeitig aber suchten einige Frauen des MLF sie auf, baten sie, mitzumachen. Und sie sagte ja, ganz selbstverständlich, ohne jede Einschränkung. Daß sie das tat, war für uns Feministinnen nicht nur eine große Unterstützung, es war auch bewegende Bestätigung.

In all den Jahren danach hat sie den Frauen, mit denen sie politisch zusammenarbeitete und denen sie menschlich vertraute, nie etwas abgeschlagen. So wie Sartre für einen Teil der radikalen Linken zum compagnon de route geworden war, so wurde nun auch Beauvoir für eine Strömung der Frauenbewegung, für die Radikalfeministinnen, zur Wegbegleiterin. Sie gab und gibt ihren Namen für politische Provokationen, nimmt an Aktionen teil, bringt selbst Ideen ein (so zum Beispiel 1974 die Gründung einer «Liga für Frauenrechte» – angelehnt an die «Liga für Menschenrechte» –, deren Präsidentin sie noch heute ist).

Von Ende 1970 an gehörte ich zu den Frauen, die politisch mit ihr arbeiteten. Eine der zahlreichen MLF-Aktivitäten war der Aufbau eines illegalen Abtreibungsnetzes und die Einführung der schonenden Absaugmethode in Frankreich. Es waren bewegte Zeiten, und es war keineswegs abgemacht, ob die Pompidou-Regierung auf uns Feministinnen nicht so repressiv reagieren würde wie zum Beispiel auf die Maoisten. Wir trafen also Vorsichtsmaßnahmen und führten die ersten Abtreibungen in den Wohnungen sogenannter «öffentlicher Personen» durch (damit ein eventueller Skandal dann auch wirklich zum Skandal würde!). Es war selbstverständlich für Simone de Beauvoir, daß sie auch ihre Wohnung zur Verfügung stellte.

Der Sturm, den wir vor allem durch die Abtreibungsaktionen ausgelöst hatten, riß uns selbst mit. Aus dem paar Dutzend Aktiven waren schon im Herbst 1970 allein in Paris längst Hunderte von militanten Feministinnen geworden. Innerhalb kurzer Zeit wurde der MLF in den Jahren 1970/71 zu einer von Etablierten wie Alternativen vielbeachteten politischen Kraft. Beim Marsch am 11. November (1971) für eine freie Abtreibung waren wir drei- bis viertausend Frauen, darunter Simone de Beauvoir.

In dieser Zeit begannen wir auch mit den Vorbereitungen für das «Tribunal», das der MLF für den Februar 1972 plante, und zwar in der guten Stube aller Polit-Veranstaltungen, von KP bis Anarchos, in der Pariser Mutualité: «Die Tage der Denunzierung der Verbrechen gegen die Frauen» sollte die Veranstaltung heißen. Geplant und organisiert wurde sie von einer Handvoll Frauen, zu denen auch Simone de Beauvoir gehörte. Allmählich zeichnete sich ab, daß die Wahl von Beauvoirs Kontakten innerhalb dieses sehr breit gefächerten und politisch von Anfang an bunten MLF kein Zufall war: Es waren, damals wie heute, immer Frauen, die auch auf dem Boden einer materialistischen Analyse der Lage der Frauen (und der Welt) stehen und jeglichen Glauben an eine «Natur der Frau» (des Menschen) strikt ablehnen. Frauen wie Anne Zelensky zum Beispiel, die mit ihr in der «Liga der Frauenrechte» aktiv ist; Christine Delphy, die die feministische Theoriezeitschrift *(Nouvelles) Questions feministes* herausgibt, oder auch die Gruppe von Frauen, mit denen sie seit Jahren die festen Seiten über den «sexisme ordinaire» (den alltäglichen Sexismus) in *Les Temps Modernes* redigiert.

Wir alle erinnern uns gut an die Beauvoir von damals, die wir zunächst mit einer Mischung aus Respekt und Chuzpe behandelten und dann rasch ganz einfach ins Herz schlossen. Sie erschien zu den Arbeitstreffen immer sehr pünktlich (wenig haßt sie so sehr wie Unpünktlichkeit), hatte keine Zeit zu verlieren, war in den Gesprächen von scharfer Klarheit und hinreißender Respektlosigkeit (nichts war ihr zu radikal) und in ihren Attitüden manchmal rührend wohlerzogen. Die Art, wie sie ihre Handtasche auf den Knien umklammert halten konnte ...

Es war die Zeit des Aufbruchs, alles schien uns möglich, die politische Arbeit war wie ein Rausch, der unser ganzes Leben erfaßte. Abende, ausgefüllt mit Treffen, Aktionen, Gesprächen, Essen. Diese Essen mit der Beauvoir, «les bouffes», wurden bald zur lieben Gewohnheit. Alle paar Wochen wurde reihum gekocht (allerdings nie bei ihr: sie haßt es, zu kochen!). Sechs bis acht Frauen waren wir meistens, gevöllert wurde, getrunken und gelacht, und Pläne wurden geschmiedet.

Bei einem dieser «bouffes» entstand die Idee meines ersten Interviews mit Beauvoir. Zwei handfeste Gründe gab es dafür: Zum ersten fand ich es wichtig, daß Beauvoirs «Bekehrung» zum Feminismus wirklich öffentlich bekannt wurde – seit dem Erscheinen ihres Buches *Das andere Geschlecht* hatte sie sich ja vom Feminismus distanziert, hatte immer wieder erklärt, sie glaube an eine automatische Lösung der Frauenfrage innerhalb des Sozialismus. Zum zweiten brauchten wir zur Anmietung der Mutualité für die geplanten «Tage der Denunzierung der Verbrechen gegen die Frauen» ganz einfach Geld. 10 000 Franc kosteten die Räume ein Wochenende lang, 8000 hatten wir beisammen, die fehlenden 2000 bekamen wir dann tatsächlich durch den Verkauf des Interviews an die französische Wochenzeitschrift *Nouvel Observateur*.

Ein Interview, das Geschichte machte. Es erschien Anfang 1972, also zu einer Zeit, in der die beginnenden Frauenbewegungen in allen westlichen Ländern in zäh-legitimatorischem Clinch mit den Genossen, aus deren Reihen sie zum Teil kamen, lagen. Vor allem die noch sehr zagenden Feministinnen in der Bundesrepublik konnten eine Bestätigung und Bestärkung aus einem auch bei den Linken so renommierten Munde bestens gebrauchen.

«Ich bin Feministin!» erklärte Simone de Beauvoir nun öffentlich und bekannte sich damit zu der Notwendigkeit einer separaten, autonomen Frauenbewegung, sie kritisierte gleichzeitig die Genossen in den kapitalistischen und in den sozialistischen Ländern. Das Gespräch wurde in viele Sprachen übersetzt, sogar ins Japanische, und kursierte in so mancher Frauengruppe als Raubdruck.

Ein Jahr später entstand der Plan eines Fernsehporträts von ihr (das ich, als Korrespondentin, die überwiegend für bundesdeutsche Funkanstalten arbeitete, für den NDR realisierte). Die Dreharbeiten machten Beauvoir trotz ihrer bürokratisch-perfektionistischen Umständlichkeit Spaß, denn das Medium interessiert sie: Sie ist eine passionierte Kinogängerin. Das Gespräch in diesem Buch, in dem Beauvoir und Sartre auf Fragen nach ihrer Beziehung zueinander antworten, ist diesem Filmporträt entnommen. Es wurde im September 1973 in Rom geführt und ist, soweit ich weiß, das einzige Interview überhaupt, in dem beide gleichzeitig auf Fragen nach den Spielregeln ihrer Beziehung antworten – diese Beziehung, die für Generationen Modell für eine in Freiheit geschlossene Liebesverbindung war – und wohl immer noch ist.

Diese Tage in Rom waren der Beginn unserer Freundschaft, über die politische und journalistische Arbeit hinaus. Ich erinnere mich vor allem an die langen Abende auf den Terrassen, an denen Beauvoir, Sartre und ich Gott und die Welt durch den Kakao zogen: Uns drei verband unter anderem die Lust am Tratsch ...

In Paris ging die politische Arbeit weiter. Protestbesetzungen von gefängnisartigen Mädchenheimen, spektakuläre Vergewaltigungsprozesse und 1974 die Gründung der «Liga für Frauenrechte» (die unter anderem den antisexistischen Gesetzesentwurf erarbeitete, den das Mitterrand-Regime jetzt verabschieden will). Nichts, was wir nicht angezettelt hätten ... Beauvoir selbst war dabei immer für eine Doppelstrategie: für die illegale und die legale Arbeit. Eines allerdings stellte sie nie in Frage: ihre Ablehnung der herrschenden Parteien und ihre Wahl, ausschließlich außerparlamentarisch zu agieren.

Sie war, und ist, unkorrumpierbar. Auf die zahlreichen Versuche, sie und die Frauenbewegung zu vereinnahmen, reagierte sie immer klarsichtig und spöttisch. So sagte sie zum Beispiel zum «Jahr der Frau» in unserem dritten, 1976 geführten Gespräch: «Demnächst kommt noch das Jahr des Meeres, dann das Jahr des Pferdes, des Hundes und so weiter... Man hält uns Frauen für Objekte, die es in dieser Männerwelt nicht wert sind, mehr als ein Jahr lang ernst genommen zu werden.»

Und immer wieder erinnert sie an die Kernpunkte ihrer politischen Erkenntnis und Analyse, warnt sie vor den ab Mitte der siebziger Jahre sich neu abzeichnenden Tendenzen einer Mystifizierung der Mutterschaft und des Glaubens an eine «Natur der Frau»: «Da man den Frauen nicht die Schönheit des Geschirrspülens preisen kann, preist man ihnen die Schönheit der Mutterschaft.»

Wie immer, so lösten auch bei den Gesprächen, die ich mit ihr führte, vor allem ihre Aussagen zur Frage der Mutterschaft wahre Proteststürme aus. Sogar an ihre Pariser Privatadresse schreiben ihr die Frauen aus aller Welt: Sie habe etwas gegen Mütter, sie sei wohl frustriert, sie solle doch das Kind nicht mit dem Bade ausschütten ... Penetrant beharren alle die, die die Rigorosität und Kompromißlosigkeit im Denken und Leben einer Simone de Beauvoir nicht aushalten können, darauf, sie mißzuverstehen.

Und wie oft hat Beauvoir in ihrem Leben auf die Frage antworten müssen, ob ihr als Nicht-Mutter nicht doch etwas Entscheidendes fehle ...? Hat man jemals Sartre gefragt, ob er sich trotz seiner fehlenden Vaterschaft als vollständiger Mensch fühle?! Bei einigen ihrer Statements zum Thema Mutterschaft scheint darum verständlicherweise eine gewisse Gereiztheit durch, aber auch der heilige Zorn über den Versuch des Selbstbetrugs und der Manipulation in dieser zentralen Frage.

Was sagt Simone de Beauvoir zur Mutterschaft? Daß die Mutterschaft keine Lebensaufgabe für eine Frau sei. Daß sich aus der Fähigkeit zur biologischen Mutterschaft (zum Gebären) nicht zwangsläufig die Verpflichtung zur sozialen Mutterschaft (zum Aufziehen) ergebe. Daß die Mutterschaft an sich kein kreativer Akt sei. Daß die Mutterschaft Frauen unter den heutigen Lebensbedingungen oft zu wahren Sklavinnen mache, sie an Haus und / oder Rolle binde. Daß es darum um die Aufkündigung dieser Art von Mutterschaft, das heißt der männlich / weiblichen Arbeitsteilung gehen müsse. Und: daß die von den Männern erfundene «weibliche» Mütterlichkeit eben das Fundament dieser männlich / weiblichen Arbeitsteilung sei – eine Mütterlichkeit, die keineswegs angeboren, sondern anerzogen sei. Beauvoir: «Im Namen der Liebe werden Frauen ausgebeutet und – lassen sie sich ausbeuten.» Goldene Worte. Gestern wie heute.

Die Mystifizierung der Mutterschaft ist das Herzstück des Weiblichkeitswahns. Bereits in unserem 1976 geführten dritten veröffentlichten Gespräch hielten wir es auf Grund neuer Tendenzen beide für wichtig, davor erneut zu warnen. Simone de Beauvoir kritisiert noch einmal in aller Schärfe jeden Glauben an ein «Anders-» oder gar «Besser-Sein» von Frauen: «Das wäre finsterer Biologismus und steht in krassem Gegensatz zu allem, was ich denke. Wenn man uns sagt: Immer schön Frau bleiben, überlaßt uns nur all diese lästigen Sachen wie Macht, Ehre, Karrieren, seid zufrieden, daß ihr so seid: erdverbunden, befaßt mit den menschlichen Aufgaben ... Wenn man uns das sagt, sollten wir auf der Hut sein!»

Seither ist es nur schlimmer geworden mit dem Weiblichkeitswahn. Die Zeiten werden härter – und die Versuchungen größer, in diese tödliche Illusion zu flüchten. Eine weltweite ökonomische Krise und ein nicht minder weltweiter Männlichkeitswahn schlagen auf uns Frauen zurück. Das letzte Gespräch in diesem Band, geführt im September 1982, und vielleicht das persönlichste in Inhalt und Ton, geht noch einmal und ganz aktuell auf diese Gefahren ein. Es zeigt Simone de Beauvoir erneut als eine der ehrlichsten und radikalsten Frauenstimmen unserer Zeit.

Die noch immer wichtigste Theoretikerin des neuen Feminismus, ohne deren Beitrag die neuen Frauenbewegungen ohne Zweifel nicht so weit hätten gehen können, wie sie gegangen sind, knüpft mit ihren heutigen Einschätzungen der Situation an ihrer eigenen Tradition an: an der entlarvenden Polemik und der unbeirrbaren Konsequenz ihres 1949 erschienenen Essays *Das andere Geschlecht*.

Einen Tag vor ihrem siebzigsten Geburtstag, also im Januar 1978, führten wir das Gespräch über ihr eigenes Alter. Dabei tritt bei der Autorin des Buches *Das Alter* – ein Werk, das in seiner visionären Radikalität und Gründlichkeit meiner Meinung nach dem *Anderen Geschlecht* vergleichbar ist – ein Zug zutage, den ich für sehr charakteristisch halte: Simone de Beauvoir ist kein sonderlich selbstgrüblerischer Mensch. Die Tatsache, daß sie dieses umfassende Werk über das Alter geschrieben hat, bedeutet noch lange nicht, daß sie über ihr eigenes Alter sehr viel mehr mitteilen könnte als viele andere Menschen. Dieser Zug bei ihr ist vermutlich nicht nur Grenze, sondern auch Schutz und gibt ihr die für sie so typische Stärke einer gewissen Unbefangenheit.

Simone de Beauvoir ist im Alter wie in ihrem ganzen Leben: bewegt und beschäftigt mit Literatur, Politik, Reisen und umgeben von einem kleinen, aber soliden Freundeskreis, ihrer «Familie». «Ich werde bis zu meinem Tod nie allein sein», sagt sie, und vermutlich hat sie recht damit. Und obwohl Sartre, der über ein halbes Jahrhundert lang in ihrem Leben der wichtigste Mensch war, im Frühling 1980 starb, ist sie heute keineswegs einsam.

Den Schock von Sartres Tod hat sie nicht vergessen, aber überlebt, nicht zuletzt durch Reflexion. In ihrem letzten Buch, *Die Zeremonie des Abschieds*, verarbeitet sie ihre Trauer und erweist ihrem Lebensgefährten eine letzte große Hommage: Mit unsentimentaler Genauigkeit und gleichzeitig großer Zärtlichkeit beschreibt sie die letzten Jahre Sartres und wagt es, von Krankheit und Tod zu sprechen. Dazu veröffentlicht sie ihrer beider in dieser Zeit geführten herrlich lebendigen, unprätentiösen Gespräche über Literatur.

Und auch damit löste sie wieder einen Skandal aus.

Darf man einen großen Mann so in seiner Schwäche und Krankheit zeigen? Man muß! sagt Simone de Beauvoir. Denn das eine gehört zum anderen, und: vielleicht hat man gerade auch nach einem so lodernden Leben das Recht auf eine kleine Flamme.

Ihre bescheiden-spröde Zurückhaltung zieht sich durch das ganze Buch. Sobald Sartre in den Dialogen sie anspricht, von ihr redet, fällt sie ihm ins Wort: «Sprechen wir nicht von mir. Es geht um Sie.» Neben dieser Bescheidenheit aber steht ein unbeugsamer Wille. Simone de Beauvoir über Simone de Beauvoir: «In meinem ganzen Leben bin ich niemandem begegnet, der so zu Glück begabt gewesen wäre wie ich, auch niemandem, der sich mit gleicher Hartnäckigkeit darauf versteift hätte.»

Ein Glück, das ihr keineswegs nur in den Schoß fiel. Ein Glück, das sie sich auch erarbeitet hat. Mit Mut und enormem Fleiß. In ihren Memoiren schildert sie an einer Stelle ihren Aufenthalt in einer algerischen Oase, bei 40 Grad Hitze. Und was tat sie da? «Ich arbeitete», schreibt sie lakonisch.

Wenn man von ihrer Intelligenz und ihrer Energie spricht, muß man auch ihre Schönheit und ihre Erotik erwähnen. Von den Frauen, die ich kenne, ist sie eine der ganz wenigen – wenn nicht die einzige –, die sich das Recht auf Intelligenz *und* Schönheit, auf Energie *und* Erotik erkämpften. Eine ehemalige Schülerin von ihr, Sarah Hirschman, erinnerte sich an die junge Lehrerin in Marseille: «Sie kam in einer lila Seidenbluse über einem Plisseerock, jung, das schwarze, mit Kämmen hochgefegte Haar in Kontrast zu ihren hellen, transparenten, mit blauem Lidschatten geschminkten Augen. Wir waren jahrelang von steifen, alterslosen Frauen mit Haarknoten unterrichtet worden. Fräulein von Beauvoir erschien uns unglaublich glamourös.» Unglaublich glamourös – das ist sie geblieben!

Simone de Beauvoir, eine der raren weiblichen Philosophen der neueren Geschichte, als Theoretikerin Schrittmacherin, als Journalistin bemerkenswert und als Literatin von der Kritik so anerkannt wie von dem ihre Romane und Memoiren verschlingenden Millionen-Publikum. Eine stolze Bilanz. Und dennoch fehlt bei dieser Aufzählung etwas Entscheidendes: ihr Leben, das, was sie über das

Denken und Schreiben hinaus in die Tat umsetzte. Genau das scheint mir das eigentliche Geheimnis ihrer Faszination und Besonderheit zu sein: dieses Wechsel- und Zusammenspiel von Tat und Wort. *Ihr* Werk ist ihr Leben.

Eine Frau, die sich entschließt, nicht länger hinzunehmen, sondern zu nehmen, gegen alle Konventionen und Widerstände. Sie heiratet nicht – und ist doch eine große (und treue) Liebende. Sie wird nicht Mutter – und ist doch in der lebendigen Auseinandersetzung mit ihr folgenden Generationen, wird lebenswichtiges Vorbild für so viele. Sie paßt sich nicht an – und weicht trotzdem nicht aus, mischt sich ein, leistet politischen und intellektuellen Widerstand, gegen Brachialgewalt ebenso wie gegen Modisches. Sie bindet sich nicht fest – und hat doch ihre Wurzeln: in ihrer Stadt, in Menschen und in Ideen, die sie mit klarsichtiger Konsequenz verfolgt und vorantreibt; immer bereit, sich zu korrigieren, zu radikalisieren.

In ihren Memoiren zeichnet und reflektiert sie selbst ihr Leben, soweit sie es preisgeben will. Noch unmittelbarer aber sind manchmal ihre meist stark autobiographischen Romane. Unter ihnen sind, auch nach ihrer eigenen Einschätzung, diejenigen, die sie sehr dicht von ihrem Erfahren und Erleben her entwickelte (wie ihren ersten Roman *Sie kam und blieb*), stärker als diejenigen, die einer zu sehr konstruierten Idee gehorchten (wie *Das Blut der anderen*).

In ihren letzten Gesprächen stellt Beauvoir die Frage an Sartre, als was er, müßte er wählen, in die Geschichte eingehen möchte: als Philosoph oder als Literat? Als Literat, antwortete Sartre, für den seine Philosophie, auch im Rückblick, nicht mehr als «Vorstudie» zur Literatur war.

Ich habe Beauvoir diese Frage indirekt gestellt, und auch sie entscheidet sich für die Literatur. «Ich habe auf die Literatur gesetzt», sagt sie rückblickend im Vergleich zu Sartre, dem sie wiederum wohl die größere Bedeutung als Philosoph gibt.

Müßte ich mich entscheiden, gäbe ich ihr die größere Bedeutung als Theoretikerin (paradox, da ihre Theorie eben gerade erst in der Verknüpfung mit Leben und Literatur eine solche Agitationskraft erhielt). *Das andere Geschlecht*, diese Studie, in der sie physiologisch, psychologisch, ökonomisch und historisch die innere und äußere Realität von Frauen in einer männerbeherrschten Welt untersucht, ist eine beispiellose Pioniertat. Es ist noch heute – dreiunddreißig Jahre nach Erscheinen – das umfassendste und am weitesten gehende theoretische Werk des neuen Feminismus!

Sicher, die neuen Frauenbewegungen, die sehr komplexe historische Ursachen haben und weltweit zu konstatieren sind, würden auch ohne Simone de Beauvoir existieren. Aber ich wage die Behauptung, daß sie ohne sie auch heute noch auf viel schwankenderem Boden stünden und sich theoretisch mühsamst Schritt für Schritt erobern müßten, was hier eine Vorkämpferin mit Siebenmeilenstiefeln abgemessen hat.

Welche Freiheit des Denkens, was für ein Übermut, welche Neugier und welcher Fleiß gehören dazu, diese Arbeit geleistet zu haben! In den Jahren nach dem Zweiten Weltkrieg, in denen die auf «Männerplätzen» neu erworbenen Kenntnisse und das Selbstbewußtsein brachial niedergeschlagen wurden und Frauen sich wieder einmal in ihrer

Mehrheit dem Weiblichkeitsdiktat beugten – in dieser Zeit hat Simone de Beauvoir *Das andere Geschlecht* geschrieben und damit Widerstand geleistet. Allein.

Nur in einigen Detailpunkten ist *Das andere Geschlecht* heute überholt (so in bezug auf die historischen Ursprünge des Patriarchats, wo sie sich, mangels eines anderen Wissensstandes, zu eng an Bachofen und Engels angelehnt hat). Die gründliche Beweisführung aber der Kernaussage – Wir Frauen werden nicht als Frauen geboren, wir werden dazu gemacht! – ist heute nicht nur gültig wie eh und je, sondern in dieser Zeit eines wieder aufflammenden Weiblichkeitswahns aktueller denn zuvor. Daß auch wir, die wir vom Diktat der Weiblichkeit geprägt und bis ins Bett mit unseren Unterdrückern verstrickt sind, die Sklavenmentalität ablegen können und müssen – das lebt hier eine vor. Die existentialistische Forderung, vom Objekt zum Sujet zu werden, nicht passiv hinzunehmen, sondern trotz alledem zu handeln (und so überhaupt erst Mensch zu werden!) – das löst sie ein.

«Die meisten Frauen ergeben sich ohne einen Versuch des Handelns einfach in ihr Geschick; diejenigen, die daran etwas ändern wollten, haben nicht die Absicht bekundet, ihre Eigenart zu verteidigen und durchzusetzen, sondern sie zu überwinden. Soweit sie in den Lauf der Geschichte eingegriffen haben, geschah es in Übereinstimmung mit den Männern und aus männlicher Perspektive,» schreibt Beauvoir in *Das andere Geschlecht* und lebte es ein Leben lang vor. Das Los, Frau zu sein, war für sie nie Berufung. Befreiung von dieser Rolle bedeutete ihr immer auch Ausbruch aus der Weiblichkeit.

Das «Frauenschicksal» mußte für die Existentialistin Beauvoir zur Herausforderung werden. Ihr besonderes Verdienst ist es, die tiefgreifende Analyse der Ursprünge unserer Fesseln erneut verbunden zu haben mit der Erkenntnis, daß auch wir Frauen uns davon befreien, daß auch wir den aufrechten Gang wagen können. Eine Freiheit, die ihren Preis hat. Aber auch ihre Verheißung.

Im letzten Satz vom *Anderen Geschlecht* wünscht Simone de Beauvoir Frauen und Männern, daß sie eines Tages «rückhaltlos geschwisterlich zueinanderfinden können». Dies ist die wohl verwegenste und würdigste Vision einer vom Zwang zu Geschlechter-(und anderen)Rollen und von den Macht/Ohnmacht-Verhältnissen befreiten Gesellschaft.

Für mich ist Simone de Beauvoirs Leben und Werk Herausforderung und Kampfansage für Männer *und* Frauen. Denn gerade ihre Theorie kann Frauen zwar als Erklärung für ihre Lage, nie aber als Entschuldigung dienen.

Alice Schwarzer   Köln, November 1982

«Ich bin Feministin»

Simone de Beauvoir,
Weggefährtin der neuen Frauenbewegung

Paris 1972

Simone de Beauvoir bei einer Demonstration
für das Recht auf Abtreibung, 1972

Alice Schwarzer: Ihre Analyse der Situation der Frau ist immer noch die radikalste. Seit Erscheinen Ihres Buches *Das andere Geschlecht* im Jahre 1949 ist kein Autor weiter gegangen als Sie, und Sie vor allem haben die neuen Frauenbewegungen inspiriert. Aber erst jetzt – nach 23 Jahren – haben Sie sich erstmals aktiv in dem konkreten und kollektiven Kampf der Frauen engagiert. Sie sind in Paris mit den Französinnen auf die Straße gegangen und beim internationalen Frauenmarsch mitmarschiert. Warum?

Simone de Beauvoir: Weil sich in den letzten zwanzig Jahren die Situation der Frau nicht wirklich geändert hat. In Frankreich zum Beispiel hat sie ein paar kleine Dinge erreicht, in bezug auf die Heirat und die Scheidung. Auch die Verhütungsmittel sind ein wenig mehr verbreitet – aber nicht in ausreichendem Maße, denn nur sieben Prozent der Französinnen nehmen die Pille. Auf jeden Fall aber sind die Frauen auf Arbeiten beschränkt wie Sekretärinnen oder Krankenschwestern und sehr selten Chef eines Unternehmens oder Arzt. Die interessantesten Karrieren sind ihnen verstellt, und innerhalb der einzelnen Berufe haben die Männer wiederum eine Sperre gegen sie aufgerichtet.

All das hat mir zu denken gegeben. Ich dachte, es ist nötig, daß die Frauen, die wirklich wollen, daß sich ihre Lage ändert, selbst ihr Schicksal in die Hände nehmen. Und als mich die Frauen von der französischen Frauenbewegung fragten, ob ich nicht mit ihnen zusammen an dem Abtreibungsmanifest, in dem wir uns selbst der Abtreibung beschuldigt haben, arbeiten wolle, da habe ich gedacht: Das ist der richtige Weg, um die Aufmerksamkeit auf diesen größten Skandal, den es heute überhaupt gibt, auf das Abtreibungsverbot, zu lenken! So hat das angefangen.

Es war also selbstverständlich für mich, mitzumarschieren und die Slogans zu übernehmen, mit denen ich ganz und gar einverstanden bin: Freie und kostenlose Abtreibung und Verhütung! Freie Mutterschaft!

Schwarzer: Sie sprechen von der Situation in Frankreich. Sie haben jedoch auch mehrere sozialistische Länder besucht. Hat sich da die Lage der Frau grundlegend geändert?

Beauvoir: Sie ist etwas anders gelagert. Ich habe zum Beispiel von sehr nahe die Situation der Frauen in der UdSSR gesehen. Fast alle Russinnen arbeiten, und die Frauen, die es nicht tun (die Ehefrauen einiger hochgestellter Funktionäre oder anderer wichtiger Leute), werden von den anderen verachtet. Die sowjetischen Frauen sind sehr stolz, daß sie arbeiten. Sie haben beachtliche soziale und politische Verantwortungen und ein Gefühl für diese Verantwortungen. Trotzdem, wenn man die Statistik berücksichtigt und wie viele Frauen wirklich im Zentralkomitee und in den Volksversammlungen sind, das heißt, wie viele Frauen wirklich Macht haben – das ist im Vergleich zu den

Männern eine sehr niedrige Zahl. In den Berufen dasselbe. Die unangenehmsten Berufe sind Frauenberufe. Fast alle Mediziner in der UdSSR sind Frauen, weil die ärztliche Versorgung kostenlos ist, der Beruf vom Staat schlecht bezahlt wird und außerordentlich hart und ermüdend ist. Man steckt die Frauen in die Erziehung und in die Medizin, aber die wichtigsten Berufe, wie die der Wissenschaft und die Ingenieurberufe, sind ihnen sehr viel weniger zugänglich. Und selbst innerhalb der von ihnen errungenen Berufe sind sie unter den Männern eingestuft – genau wie in den kapitalistischen Ländern.

Und dann ist da in Rußland wie überall der Skandal, gegen den ja gerade die Frauenbewegungen kämpfen: die Hausarbeit, die Pflege der Kinder – für all das sind auch in der UdSSR ausschließlich die Frauen zuständig. Man kann daraus schließen, daß die Gleichheit von Mann und Frau auch in der UdSSR nicht verwirklicht worden ist.

Schwarzer: Was sind die Gründe?

Beauvoir: Zunächst einmal, weil die sozialistischen Länder nicht wirklich sozialistisch sind. Das heißt, man hat nicht den Sozialismus verwirklicht, der die Menschen ändert – wovon Marx träumt –, sondern man hat die Produktionsverhältnisse geändert. Aber wir erkennen heute immer mehr, daß die Änderung der Produktionsverhältnisse allein nicht ausreicht, um auch die Gesellschaft, den Menschen zu ändern. Folglich sind in den sozialistischen Ländern, trotz des unterschiedlichen ökonomischen Systems, Männern und Frauen die traditionellen Rollen zugewiesen geblieben. Das hängt damit zusammen, daß die Männer in unseren Gesellschaften das, was ich einen Überlegenheitskomplex nenne, also die Vorstellung von ihrer Überlegenheit, verinnerlicht haben. Sie sind nicht bereit, ihn aufzugeben. Sie brauchen die Unterlegenheit der Frau, um sich selbst aufzuwerten. Und die Frauen selbst sind so daran gewöhnt, sich für minderwertig zu halten, daß nur ganz wenige wagen, auf dieser Ebene zu kämpfen.

Schwarzer: Über den Begriff «Feminismus» gibt es viele Mißverständnisse. Wie ist Ihre Definition?

Beauvoir: Ich erinnere mich, daß ich am Ende des *Anderen Geschlechts* sagte, ich sei Anti-Feministin, denn ich dachte, daß die Probleme der Frauen sich in einer Entwicklung zum Sozialismus von selbst lösen würden. – Feministen sind Frauen – oder auch sogar Männer –, die (vielleicht in Verbindung mit dem Klassenkampf, aber doch außerhalb) für die Frau kämpfen, ohne die erstrebte Veränderung unbedingt von der der Gesamtgesellschaft abhängig zu machen. In diesem Sinne bin ich heute Feministin. Denn ich habe eingesehen, daß der Kampf auf der politischen Ebene nicht so schnell zum Ziel führt. Wir müssen also für die konkrete Situation der Frau kämpfen, bevor der erträumte Sozialismus kommt. Außerdem habe ich eingesehen, daß selbst in den sozialistischen Ländern die Gleichberechtigung zwischen Mann und Frau nicht eingetreten ist. Darum bin ich heute in der Bewegung zur Befreiung der Frauen aktiv.

Hinzu kommt – und das ist, glaube ich, für viele Frauen einer der Gründe, warum sie die Frauenbewegungen geschaffen haben –, daß selbst in den linken, ja sogar in den revolutionären Gruppen und Organisationen eine tiefe Ungleichheit zwischen Mann und Frau besteht. Die niedrigsten, langweiligsten und bescheidensten Arbeiten wurden immer noch von Frauen gemacht, und die Männer führten immer noch das Wort, sie schrieben die Artikel, sie machten alle interessanten Dinge und übernahmen die größten Verantwortungen. Selbst innerhalb dieser Gruppen also, die im Prinzip dazu da sind, alle zu befreien – auch die Frauen und die Jugend –, selbst da blieb die Frau minderwertig. Es ist also unbedingt notwendig, daß die Frauen selbst ihr Schicksal in die Hand nehmen.

Schwarzer: Was halten Sie ganz allgemein vom neuen Feminismus? Von diesen kämpferischen jungen Frauen, die radikaler sind als je zuvor?

Beauvoir: Sie wissen, daß es in den Frauenbewegungen – vor allem in Amerika, wo sie am weitesten fortgeschritten sind – einen weit gespannten Fächer von Tendenzen gibt. Das geht von Betty Friedan, die ziemlich konservativ ist, bis zum SCUM, der für die Entmannung aller Männer ist. In Frankreich gibt es innerhalb der Bewegung ebenfalls mehrere Tendenzen, und meine wäre eben die, die versucht, die Emanzipation der Frau mit dem Klassenkampf zu verbinden. Ich denke also, daß der spezifische Kampf der Frauen doch auch mit dem, den die Männer führen müssen, verbunden ist, und lehne die totale Verstoßung der Männer ab.

Schwarzer: Was halten Sie dann – im augenblicklichen Stadium der Auseinandersetzung – von der Ausschließung der Männer aus der kollektiven Frauenarbeit, wie es ja bei der Mehrheit der Frauenbewegungen und auch in Frankreich der Fall ist?

Beauvoir: Ja, da bin ich dafür. Ich bin für die Ausschließung der Männer, bis zu einem gewissen Punkt. Das ist, wie Sie es gerade sagten, eine Frage des Stadiums. Es gibt dafür mehrere Gründe: Zunächst einmal muß man damit rechnen, daß die Männer auch in diesen Gruppen sich die männlichen Reflexe nicht verkneifen könnten, daß sie sprechen und kommandieren würden. Andererseits haben viele Frauen – was immer sie auch sagen, und oft wissen sie es auch – ein gewisses Gefühl der Minderwertigkeit, eine gewisse Schüchternheit. Wenn Männer da sind, würden viele es nicht wagen, so frei zu sprechen, wie sie es tun, wenn sie unter sich sind. Besonders wichtig ist es, daß die Frauen innerhalb ihrer Gruppen nicht auf ihren Mann oder Freund stoßen, auf niemanden, an den sie zu sehr gebunden sind, weil sie sich ja gerade auch von ihm befreien müssen.

Im Augenblick erlaubt weder die Mentalität der Männer noch die der Frauen eine wirklich ehrliche Diskussion in einer gemischten Gruppe.

Schwarzer: Ist die Ausschließung der Männer für Sie nur eine praktische Frage, weil die Frauen gehemmter wären usw.? Oder ist sie auch eine politische Frage? Weil – so argumentieren die Feministinnen – der Mann nicht nur das die Frau ausbeutende System geschaffen hat und es repräsentiert, sondern weil er von der Unterdrückung der Frau auch individuell profitiert und darum, in einer ersten Etappe, Feind Nummer eins ist.

Beauvoir: Ja, sicher, aber das ist nicht so einfach. Da trifft zu, was Marx über die Kapitalisten sagte: Auch sie sind Opfer. Selbstverständlich ist es zu abstrakt zu sagen, wie ich es eine Zeitlang getan habe, daß man nur gegen das System angehen müsse. Man muß als Frau selbstverständlich gegen die Männer angehen. Schließlich ist man nicht ungestraft Komplice und Profiteur eines Systems, selbst wenn man es nicht geschaffen hat, selbst wenn es nicht von den Männern von heute gemacht worden ist. Ein Mann von dreißig, zum Beispiel, hat diese patriarchalische Welt nicht eingerichtet, aber er profitiert in einer gewissen Weise, selbst wenn er zu denen gehört, die nicht profitieren wollen. Er tut es trotzdem, denn er hat sicherlich eine Menge Dinge verinnerlicht. Folglich muß man einmal gegen das System angehen und zum zweiten den Männern, wenn schon nicht feindlich, so doch mindestens mißtrauisch gegenüberstehen. Die Frauen müssen also gleich das System und die Männer angreifen.

Wenn ein Mann Feminist ist, ist es nicht ganz dasselbe. Trotzdem sollte man ein gewisses Mißtrauen beibehalten, sich vor dem Paternalismus hüten. Die Frauen wollen nicht, daß man ihnen Freiheit und Gleichheit gewährt, sondern sie wollen sie erlangen. Das ist ganz und gar nicht dasselbe.

Schwarzer: Glauben Sie an die politische Notwendigkeit dessen, daß ein begrenzter Teil der Frauen weiter, nämlich bis zum Männerhaß, geht?

Beauvoir: Vielleicht. Vielleicht ist es nicht schlecht, daß einige Frauen wirklich ganz, ganz radikal sind und den Mann total ablehnen. Diese Frauen könnten die mitreißen, die auf Grund mangelnder persönlicher Motivation zu Kompromissen mit den Männern bereit wären. Das ist sehr gut möglich.

Schwarzer: In den meisten Frauenbewegungen gibt es eine homosexuelle Fraktion – die übrigens in keiner Weise eine

Mehrheit ist, wie man so oft hört, sondern eine Minderheit, die jedoch wichtige Impulse gibt. Glauben Sie, daß die weibliche Homosexualität – also die radikalste Form des Ausschlusses des Mannes – eine politische Waffe in der augenblicklichen Phase sein kann?

Beauvoir: Darüber habe ich noch nicht nachgedacht. Ich denke, daß es im Prinzip sehr gut ist, daß einige Frauen sehr radikal sind. Aber wenn sie die Homosexualität zu sehr herausstellen und bei den Heterosexuellen fast eine Art Propaganda machen, ihnen die verschiedenen Arten, sich die Männer zu verkneifen, erklären, das scheint mir nicht sehr geschickt zu sein in bezug auf die Einigkeit mit den Heterosexuellen. Aber ich halte es in der Tat für gut, daß es die homosexuellen Frauen gibt.

Schwarzer: Die homosexuellen Frauen nehmen für sich in Anspruch, die sexuellen Beziehungen zum Mann auszuschließen, weil sie unter den augenblicklichen Umständen zwangsläufig repressiv seien ...

Beauvoir: Ist eine sexuelle Beziehung zwischen Mann und Frau immer repressiv? Könnte man nicht dahingehend arbeiten, daß man nicht diese Beziehung verweigert, sondern sie ändert? Es schockiert mich, wenn man mir erklärt, jeder Koitus sei eine Vergewaltigung. Das kann ich einfach nicht glauben, das fühle ich nicht. Wenn man sagt, jeder Koitus sei eine Vergewaltigung, übernimmt man im Grunde wieder die männlichen Mythen. Das hieße, daß der männliche Sex wirklich ein Schwert ist, eine Waffe. Ich denke, eine Zivilisation, die Männern und Frauen gerecht wird, sollte sexuelle Beziehungen finden, die nicht repressiv sind.

Schwarzer: In einem Kommentar über *Das andere Geschlecht* haben Sie gesagt, die Tatsache, daß Sie eine Frau sind, habe Sie persönlich nie betroffen, Sie hätten sich «in der Position einer großen Unvoreingenommenheit» befunden. Wollen Sie damit sagen, daß eine Frau individuell ihrer Geschlechtsrolle entkommen kann? Beruflich wie auch in ihren Beziehungen zu ihren Mitmenschen?

Beauvoir: Seiner Geschlechtsrolle ganz entgehen? Nein! Warum denn auch. Ich habe den Körper einer Frau – aber es ist klar, daß ich sehr viel Glück gehabt habe. Ich bin so weit wie möglich der Knechtschaft der Frau entgangen, das heißt vor allem der Mutterschaft und den Hausfrauenpflichten. Auch beruflich war ich als Philosophie-Professorin in einer Zeit, in der sehr viel weniger Frauen als heute studierten, eine Privilegierte unter den Frauen. Und da es nur sehr wenige gab, waren die Männer auch viel eher bereit, eine Frau, die etwas erreicht hatte, freundschaftlich anzuerkennen. Heute, wo Frauen häufiger Erfolg haben, müssen die Männer um ihren Platz fürchten. Wenn man aber, wie ich, zugesteht, daß eine Frau nicht unbedingt Mutter und Ehefrau sein muß, um ein erfülltes und glückliches Leben zu haben, dann gibt es eine gewisse Anzahl von Frauen, die nicht unter der Knechtschaft der Frau leiden müssen. Natürlich müssen sie als Privilegierte geboren sein oder gewisse intellektuelle Fähigkeiten haben.

Schwarzer: Sie haben einmal gesagt, «der größte Erfolg meines Lebens ist meine Beziehung zu Sartre» ...

Beauvoir: Ja, ja ...

Schwarzer: ... aber Sie waren auch Ihr ganzes Leben lang

sehr um Ihre Unabhängigkeit besorgt. Glauben Sie – in Anbetracht dessen, daß gleichberechtigte Beziehungen heute zwischen Mann und Frau sehr schwierig sind –, glauben Sie, Ihr persönliches Problem gelöst zu haben?

Beauvoir: Ja, ich persönlich habe es gelöst. Ganz sicher. Wenn ich allerdings so um mich schaue … Ja, es gibt doch einige, die der Unterdrückung durch den Mann entgangen sind. Meist sind es die, die beruflich erfolgreich sind. Vielleicht ohne eine wirklich glückliche und ausgeglichene Beziehung zu einem bestimmten Mann zu haben. Aber wenn ich selbst Sartre nicht kennengelernt hätte, dann hätte ich vielleicht auch mehrere Geschichten in meinem Leben gehabt. Ich hätte das wahrscheinlich nicht als so glücklich empfunden wie das geführte Leben, aber immerhin doch annehmbar.

Schwarzer: Einige Frauenbewegungen definieren heute, ausgehend von der ausschließlich von Frauen geleisteten Gratis-Hausarbeit, die keinen Tauschwert besitzt, die Frauen als «Klasse», als Klasse außerhalb der bereits definierten Klassen. Für sie ist damit die patriarchalische Unterdrückung ein Haupt- und kein Nebenwiderspruch. Sind Sie mit dieser Analyse einverstanden?

Beauvoir: Ich finde die Analysen zu diesem Punkt unzureichend. Ich habe im *Anderen Geschlecht* geschrieben, die Frauen seien eine «niedere Kaste», eine Kaste nennt man eine Gruppe, aus der man nicht heraus kann. Aus einer Klasse jedoch kann man im Prinzip in eine andere überwechseln. Wenn man eine Frau ist, wird man niemals Mann. Frauen sind also eine wirkliche Kaste. Und die Art und Weise, in der man Frauen wirtschaftlich, sozial und politisch behandelt, machen aus ihnen eine «niedere Kaste».

Welcher Zusammenhang besteht zwischen der patriarchalischen Unterdrückung und der kapitalistischen? Im Augenblick habe ich noch keine Antwort. Das ist ein Problem, an dem ich sehr gern in den kommenden Jahren arbeiten würde. Das interessiert mich sehr. Die Analysen, die aus der patriarchalischen Unterdrückung etwas der kapitalistischen Entsprechendes machen, finde ich nicht richtig. Sicher, der Frau wird das Produkt ihrer Arbeit genommen, oder, besser gesagt: ihre Arbeit produziert keinen Mehrwert. Das ist also eine andere Kondition als die des Arbeiters, dem man den Mehrwert seiner Arbeit stiehlt. Aber diese Frage ist tatsächlich elementar, die gesamte Taktik der Frauen hängt von ihr ab. Es ist sehr richtig, die Betonung auf die Verweigerung der nicht bezahlten Hausarbeit zu legen, die eine Ausbeutung darstellt. Aber es gibt auch Frauen, die unabhängig sind und selbst ihr Leben verdienen. Sie werden nicht auf die gleiche Art ausgebeutet wie eine Hausfrau ...

Schwarzer: ... aber sie arbeiten auch außer Haus für weniger als der Mann ...

Beauvoir: Ja. Die Löhne sind nicht die gleichen. Das stimmt. Aber die Ausbeutung der Hausarbeit und die der Lohnarbeit ist nicht dieselbe. Dieser Punkt zum Beispiel wird weder bei Kate Millet noch bei Germaine Greer noch bei Firestone ausreichend beachtet ... Firestone allerdings, die weniger bekannt ist, bringt in ihrer *Dialectic of Sex* etwas Neues, nämlich die Forderungen für die Kinder.

Sie verbindet die Befreiung der Frauen mit der Befreiung der Kinder. Das ist richtig. Die Frauen werden erst befreit sein, wenn auch die Kinder von den Erwachsenen befreit sind. Ich habe nie davon gesprochen, weil ich nie daran gedacht habe.

Schwarzer: Sie sind auch im Klassenkampf engagiert – seit dem Mai 1968 sogar sehr aktiv. Sie haben zum Beispiel die Verantwortung für eine linksradikale Zeitschrift übernommen. Welche Beziehungen bestehen zwischen Klassenkampf und Geschlechterkampf?

Beauvoir: Alles, was ich feststellen konnte, war, daß der Klassenkampf im eigentlichen Sinne die Frauen nicht emanzipiert. Das hat mich meine Meinung seit Erscheinen des *Anderen Geschlechts* ändern lassen. Ob es sich um Kommunisten, Trotzkisten oder Maoisten handelt, die Frau ist immer dem Mann untergeordnet. Folglich bin ich von der Notwendigkeit überzeugt, daß Frauen ihre Probleme in ihre eigenen Hände nehmen müssen. Um nun die Beziehung zwischen der Ausbeutung des Arbeiters und der Ausbeutung der Frau zu finden, bedarf es einer ernsthaften Analyse. Ich bin sicher, daß die Ausmerzung des Kapitalismus bessere Bedingungen schaffen würde für die Emanzipation der Frau – aber das heißt noch nicht, sie bereits erlangt zu haben. Den Kapitalismus ausmerzen heißt nicht das Patriarchat ausmerzen – solange man die Familie unangetastet läßt. Ich glaube, daß man nicht nur die Besitzverhältnisse, sondern auch die Struktur der Familie ändern muß. Selbst in China hat man zwar die patriarchalische, besser gesagt: die feudale Familie abgeschafft und so eine Änderung der Lage der Frau erreicht. Das aber nur durch die Akzeptierung der Kernfamilie, die in Wahrheit das Erbe der feudalen Familie ist. Darum bin ich gar nicht sicher, daß die Frauen in China befreit sind. Ich denke, daß man die Familie abschaffen muß. Ich bin ganz und gar einverstanden mit den von Frauen und manchmal auch von Männern gemachten Versuchen, die Familie durch Kommunen oder andere noch zu schaffende Formen zu ersetzen.

Schwarzer: Könnte man also sagen, daß der Klassenkampf zwar nicht unbedingt die Frauen befreit, daß aber umgekehrt der radikale Feminismus die Klassen zerstören würde?

Beauvoir: Wenn man damit anfängt, die Familien und die entsprechenden Strukturen zu zerschlagen, dann besteht die Möglichkeit, daß gleichzeitig auch der Kapitalismus ins Wanken kommt. Aber ich möchte mich nicht zu sehr nach vorne wagen, ohne ausreichend darüber nachgedacht zu haben, in welchem Ausmaß eine Zerstörung der patriarchalischen Gesellschaft durch die Frauen alle Aspekte des Kapitalismus und der Technokratie treffen könnte.

Doch wenn der Feminismus ganz radikale Forderungen hat und wenn er es schafft, sie durchzusetzen, dann wird er das System bedrohen.

Schwarzer: Nach Erscheinen des *Anderen Geschlechts* hat man Ihnen oft vorgeworfen, bei der Analyse stehengeblieben zu sein und keine Taktik für die Befreiung der Frauen entwickelt zu haben.

Beauvoir: Das stimmt. Ich gebe zu, daß das in meinem Buch zu kurz kommt. Ich höre mit einem vagen Vertrauen in die Zukunft, in die Revolution und in die Sozialisten auf.

Schwarzer: Welche konkreten Möglichkeiten sehen Sie zur Befreiung der Frauen? Individuell und kollektiv?

Beauvoir: Als allererstes müssen die Frauen außer Haus arbeiten. Als zweites, wenn möglich, die Heirat verweigern. Ich hätte ja auch Sartre heiraten können, aber ich glaube, daß wir klug waren, es nicht getan zu haben. Denn wenn man verheiratet ist, dann behandeln die Leute einen auch als verheiratet, und zum Schluß hält man sich selbst für verheiratet. Man hat als Verheiratete durchaus nicht dieselben Beziehungen zur Gesellschaft wie eine Nicht-Verheiratete. Die Heirat ist gefährlich für die Frau. Das heißt, es kann Gründe geben: Wenn man Kinder haben will, ist es immer noch sehr schwierig, wenn die Eltern nicht verheiratet sind, denn Kinder haben dann sehr viel Schwierigkeiten im Leben. Aber meiner Meinung nach ist es besser, es nicht zu tun.

Was aber vor allem zählt, wenn man wirklich unabhängig sein will, das ist ein Beruf, das ist die Arbeit. Den Rat gebe ich allen Frauen, die mich fragen. Das ist die notwendige Voraussetzung, die ihnen erlaubt, sich scheiden zu lassen, wenn sie wollen. So können sie sich selbst und ihre Kinder ernähren, sie sind nicht abhängig und können ihr Leben realisieren.

Das heißt, die Arbeit ist auch kein Wunderheilmittel. Ich weiß sehr gut, daß die vier Mark Stundenlohn einer Arbeiterin oder Putzfrau nicht gerade wirklich unabhängig machen. Ich weiß, daß heute die Arbeit nicht nur befreiend, sondern auch entfremdend ist. Folglich müssen Frauen oft zwischen zwei Entfremdungen wählen: die der Hausfrau und die der Berufstätigen. Trotzdem ist die Lohnarbeit die erste Voraussetzung zur Unabhängigkeit.

Schwarzer: Und die bereits verheirateten Frauen und Mütter?

Beauvoir: Es gibt Frauen, die haben keine Chance mehr. Wenn sie schon 35 sind, vier Kinder auf dem Buckel haben und verheiratet sind und ohne Beruf – dann sehe ich nicht, was da noch zu machen wäre. Man kann von einer aussichtsreichen Befreiung nur für die kommenden Generationen, für die Jugend und einige Privilegierte reden!

Schwarzer: Kann eine Frau, die sich emanzipieren will, auf der individuellen Ebene bleiben, oder muß sie kollektiv agieren?

Beauvoir: Sie muß kollektiv agieren. Man muß immer kollektiv handeln. Ich selbst habe es bisher nicht getan, weil es keine organisierte Bewegung gab, mit der ich einverstanden war. Aber in einer gewissen Weise war *Das andere Geschlecht* ein Akt, der über meine eigene Befreiung hinausging. Denn ich führte ja das Leben, das ich wollte.

Schwarzer: Wie beurteilen Sie ganz allgemein die Entwicklung der existierenden Frauenbewegungen?

Beauvoir: Ich denke, daß sie Fortschritte machen werden. Aber es wird nicht einfach sein. Denn da ist der Wunsch, den Männern zu gefallen, diese ganze Feminität eben. Das ist dermaßen verbreitet bei den Frauen. In Frankreich wie überall sind viele Frauen sehr konservativ, sehr weiblich ... Trotzdem denke ich, daß bei den heutigen Arbeitsbedingungen im Haushalt die Frauen ein wenig mehr Zeit zum Nachdenken haben werden und daß sie auch innerhalb des Kapitalismus einiges erreichen müßten. Was allerdings die außerhäusliche Arbeit angeht, da ist es sicher, daß man in einem kapitalistischen Land bei Arbeitslosigkeit der Männer den Frauen niemals Arbeit geben wird. Ich denke, daß die Frauenbewegungen so wirken könnten wie die Studentenbewegungen, die ja auch anfangs limitiert waren, aber dann beinahe alles in die Luft gesprengt hätten. Wenn sie in die Arbeitswelt eindringen, könnten sie das System wirklich in die Luft jagen.

Schwarzer: Haben Sie, Madame, die Vision einer Welt, in der die Frauen befreit sein werden?

Beauvoir: Ich glaube nicht, daß etwas Besonderes von der Weiblichkeit zu erwarten ist. Trotz allem ist es doch eine Assimilierung, die wir anstreben, und nicht die Entwicklung spezifisch weiblicher Qualitäten. Ich glaube nicht, daß die Frauen, wenn sie die Gleichberechtigung erreicht haben, etwas ganz besonders Interessantes, Poetisches, eben weibliche Werte entwickeln. Es ist eine Tatsache, daß die universale Kultur, die Zivilisation und die Werte alle von Männern geschaffen wurden. Doch genau wie das Proletariat ablehnt, daß die Bourgeoisie die universale Klasse sei, ohne aber alle bourgeoisen Werte abzulehnen, sondern sie sich aneignet, genauso sollten die Frauen in Gleichheit mit den Männern sich die von Männern geschaffenen Werte aneignen, statt sie abzulehnen. Beim Schaffen der universalen Werte haben ihnen die Männer sehr oft ihre eigene, virile Note gegeben. Sie haben beides – Universalität und Männlichkeit – auf eine sehr tückische und subtile Art und Weise vermischt. Es handelt sich also darum, das eine vom anderen zu trennen, die Trübung zu entfernen. Das ist möglich, und das ist eine der Aufgaben, die die Frauen haben. Aber was heißt das denn letzten Endes: das männliche Modell ablehnen? Wenn eine Frau Karate lernt, dann ist das doch männlich. Und ich finde gut, daß sie es tut. Man darf die Welt der Männer nicht ablehnen, denn sie ist gleichzeitig die Welt überhaupt. Und schließlich auch unsere Welt. Die Frau wird, ebenso wie der Mann, etwas schaffen, das so anders und so neu ist wie das der anderen Männer. Aber ich denke nicht, daß sie neue Werte schaffen wird. Wenn man das glaubt, dann glaubt man an eine weibliche Natur – wogegen ich mich immer gewehrt habe. All diese Konzepte muß man vom Tisch fegen.

Schwarzer: Sind Sie für die Gewalt bei der Befreiung der Frau?

Beauvoir: So wie die Situation heute ist, ja. Bis zu einem gewissen Punkt. Da sich die Männer den Frauen gegenüber der Gewalt bedienen – in ihrer Sprache wie auch in ihren Gesten, mit ihren Vergewaltigungen, Beleidigungen und Ohrfeigen –, darum sollten auch die Frauen sich mit Gewalt verteidigen.

Schwarzer: Sie zählen sich heute zu den militanten Feministinnen, und Sie haben sich in der aktiven Auseinandersetzung engagiert. Was beabsichtigen Sie in der nächsten Zeit zu unternehmen?

Beauvoir: Ich habe gemeinsam mit der Bewegung zur Befreiung der Frauen in Frankreich ein Projekt. Wir wollen eine Art öffentliches Hearing veranstalten, Tage der Information und Denunzierung der Verbrechen gegen die Frauen. Die beiden ersten Tage werden am 19. und 20.

«Wir müssen der Tatsache ins Auge blicken . . .

... daß die Gesellschaft auf Unduldsamkeit gegründet ist», bemerkt Shaw in seinem Vorwort zu ‹*Die heilige Johanna*›. Wer seine Individualität trotzdem behaupten will, der weiß, daß Unabhängigkeit von einem finanziellen Rückhalt nicht zu trennen ist.

Februar in der Pariser Halle Mutualité stattfinden und von der Mutterschaft, der Abtreibung und der Verhütung handeln. Es wird eine Art Untersuchungskommission geben, die sich nur aus Frauen zusammensetzt. Sie wollen selbst authentische Gründe haben, die Abschaffung des Abtreibungsparagraphen zu fordern. Sie werden, zusammen mit den Frauen und Männern, die an dieser Veranstaltung teilnehmen, die Zeugen hören. Unter den Zeugen werden auch Männer sein, vor allem aber Frauen, die selbst abgetrieben haben. Wir werden auch Mütter hören, die darlegen, welche Hölle ihr Leben in einer Gesellschaft ist, in der Gesellschaft und Männer der Frau allein alle Verantwortung für die Kinder aufladen. Wir werden auch Biologen hören, Soziologen, eine Menge Leute, die es uns möglich machen zu begründen, warum wir die freie Abtreibung fordern.

Schwarzer: Der Kampf der Frauenbefreiungsbewegungen wird oft mit dem Kampf für eine freie Abtreibung verbunden. Wollen Sie persönlich über dieses Stadium auch hinausgehen?

Beauvoir: Selbstverständlich. Ich denke, daß ich mit der Frauenbewegung noch an sehr vielen Dingen arbeiten werde. Die freie Abtreibung ist wichtig, sehr wichtig, aber sie ist nicht mehr als eine Voraussetzung für die Befreiung der Frau.

Nouvel Observateur, 1972

«...durchaus zu kritisieren»

Simone de Beauvoir und Jean-Paul Sartre
über ihre Beziehung

Rom 1973

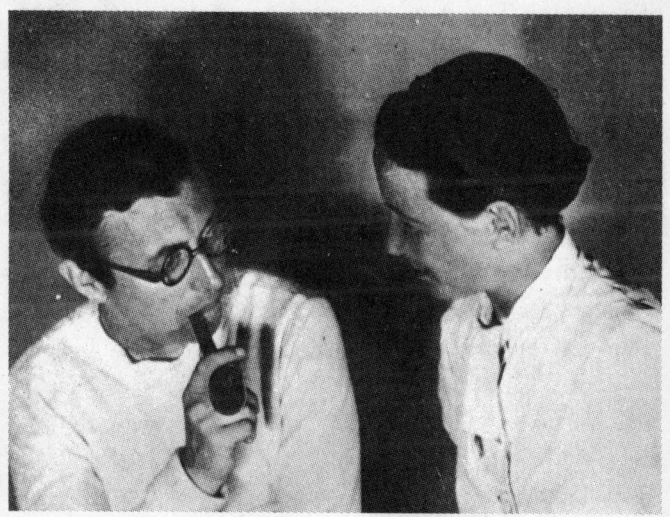

Jean-Paul Sartre und Simone de Beauvoir
kurz vor dem Zweiten Weltkrieg

Schwarzer: Zunächst zwei Zitate von Ihnen, Simone. Sie haben geschrieben: «Mein wichtigstes Werk ist mein Leben» und «Das hervorragendste Erlebnis meines Lebens ist die Begegnung mit Sartre». Sie sind nun schon vierzig Jahre ein Paar, aber Sie haben dabei versucht, nicht so zu leben wie die anderen, Dinge wie Besitz, Eifersucht, Treue, Monogamie zu überwinden. Von vielen sind Sie wegen Ihrer Lebensweise kritisiert worden, viele haben versucht, Ihnen nachzueifern. Bewußt oder nicht sind Sie so etwas wie ein Ideal geworden, ein Vorbild für viele Paare, vor allem für Frauen. Sie haben sich nach Ihrer Theorie, Ihrer Praxis, nach Ihrem Leben orientiert. In dieser Perspektive möchte ich Ihnen nun einige Fragen über ihre persönlichen Beziehungen zueinander stellen. Als erstes die Frage, ob die Tatsache, daß Sie nie zusammen gewohnt haben, für Ihre Beziehung nicht wichtiger war als die Tatsache, daß Sie nie geheiratet haben?

Beauvoir: Unbedingt! Denn wenn das, was man eine freie Verbindung nennt, unter den gleichen Bedingungen abläuft wie eine Ehe – wenn man also einen gemeinsamen Haushalt hat, wo regelmäßig gegessen wird –, wird die Frau trotz allem die Frauenrolle spielen. Da gibt's zu einer Ehe kaum einen Unterschied. Wir hingegen haben eine sehr flexible Lebensweise, die uns manchmal erlaubt hat, unter demselben Dach zu leben, ohne ganz zusammenzusein. Zum Beispiel, als wir sehr jung waren, da lebten wir im Hotelzimmer, aßen im Restaurant, manchmal zusammen, manchmal mit Freunden, und verbrachten auch die Ferien oft zusammen, aber eben nicht immer, meist nur zum Teil: Ich mache zum Beispiel gern Fußwanderungen, Sartre nicht; also ging ich allein los, und er war in der Zeit mit Freunden zusammen. Diese Art von Freiheit, die wir im Alltag aufrechterhalten haben, ist wichtig und hat verhindert, daß sich zwischen uns die lähmende Seite der Ehe breitmachte. Ich glaube, daß das wichtiger war als die Tatsache, daß wir nicht verheiratet sind.

Schwarzer: Sie haben sich dafür entschieden, nicht zusammen zu wohnen. Ist es nicht auch so, daß ein solches Modell leichter von Leuten praktiziert werden kann, die materiell privilegiert sind?

Sartre: Ich glaube ja.

Beauvoir: Wir waren zwar nicht sehr reich, aber jeder von uns bekam ein Lehrergehalt und konnte sich also ein kleines Hotelzimmer leisten. Aber wenn man nicht viel verdient, ist es sehr schwierig, solche Kosten aufzubringen. Die Idee, nicht zusammen zu wohnen, kam daher, daß wir beide uns nicht mit einem Haus belasten wollten. Wir lebten im Hotel. Ich konnte mir überhaupt nicht vorstellen, eine Wohnung zu haben. Damals wollten wir nicht nur nicht zusammen wohnen, sondern sozusagen überhaupt nicht wohnen.

Schwarzer: Aber es gab doch eine Zeit, wo Sie zusammen im selben Hotel gewohnt haben?

Beauvoir: O ja.

Sartre: O ja.

Beauvoir: Sogar sehr oft, fast immer haben wir im selben Hotel gewohnt, manchmal auf verschiedenen Stockwerken, manchmal auf demselben Flur, im selben Hotel. Aber dennoch bedeutete das eine große Unabhängigkeit.

Schwarzer: Nach der Lektüre Ihrer Memoiren frage ich mich, ob Sie die Monogamie wirklich in Frage stellen wollten oder ob Sie nicht vielmehr beide ihrer gegenseitigen Beziehung eine absolute Priorität eingeräumt haben, die alle dritten Personen auf eine sekundäre Rolle reduzierte?

Beauvoir: Ja, das stimmt wohl.

Sartre: Ja, da ist was dran. Das ist es, was mich in Widersprüche zu anderen Frauen brachte. Denn sie wollten die Hauptrolle.

Beauvoir: Das heißt, dritte Personen, in Sartres Leben wie in meinem, wußten von Anfang an, daß es da eine Beziehung gab, welche diejenige, die man mit ihnen hatte, erdrücken würde. Das war oft nicht sehr angenehm für sie. Unsere Beziehung ging wirklich ein wenig auf Kosten dieser Dritten. Also ist diese Beziehung durchaus zu kritisieren, denn sie schloß ja manchmal ein, daß man sich den Leuten gegenüber nicht sehr korrekt benahm.

Schwarzer: Es geschah also auf dem Rücken der anderen?

Beauvoir: Ja, genau.

Schwarzer: Und die Entscheidung – wenn es eine gab –, kein Kind zu haben? Oder war das ganz selbstverständlich für Sie beide?

Beauvoir: Für mich war das ganz selbstverständlich. Nicht etwa, weil ich Kinder verabscheut hätte ... Als ich noch sehr jung war und daran dachte, eine bürgerliche Ehe mit meinem Cousin Jacques einzugehen, hätte das auch Kinder bedeutet. Aber meine Beziehung zu Sartre war solcher Art – auf einer intellektuellen Basis und nicht auf einer institutionellen, familiären oder was auch immer –, daß ich nie den Wunsch nach einem Kind hatte. Ich hatte keine große Lust, eine Reproduktion von Sartre zu haben – mir genügt er selbst! –, und auch keine Lust, eine Reproduktion von mir zu haben: ich genügte mir. Ich weiß nicht – hat die Frage sich für Sie gestellt, Sartre?

Sartre: Ich dachte nicht daran, ein Kind zu haben, als ich jung war.

Schwarzer: Aber heute haben Sie eine Tochter adoptiert?

Sartre: Jetzt ist das etwas ganz anderes, ein freiwilliges Verhältnis. Es ist weniger eine Tochter ... ich habe sie eher adoptiert, um ihr und auch mir einen Gefallen zu tun.

Beauvoir: Es war eher so, daß es ihr Freude machte, irgendeine väterliche Beziehung zu haben, denn sie war nicht sehr glücklich gewesen in ihrer Familie. Sie wollte einfach einen anderen Vater haben. Aber in erster Linie ist sie jemand Ausgewähltes, als Erwachsener ausgewählt ... Wie alt war sie, als Sie sie adoptiert haben?

Sartre: 28 oder 26 Jahre.

Schwarzer: Und für Sie ist das nicht so etwas wie ein Vaterschaftsersatz?

Sartre: Nein, eher eine soziale Vaterschaft, wenn Sie so wollen, das heißt, das verschaffte mir gewisse Rechte, die ihr das Leben leichter machten. Für mich war das keine Familiensache.

Beauvoir: Es kam auch etwas ganz Praktisches hinzu, denn Sartre wollte sehr gern jemanden haben, der legal erben könnte, nicht so sehr das Geld, das ist ganz unwichtig, sondern die Rechte am Werk. Denn es ist sehr unangenehm, sein intellektuelles Erbe in den Händen von entfernten Vettern oder Leuten zu wissen, die darüber bestimmen werden, ohne die mindeste Affinität dazu zu haben. Und da war eine ausgesuchte Person, die viel jünger ist und also große Chancen hat zu überleben, auch so etwas wie eine praktische Vorsichtsmaßnahme.

Schwarzer: Es heißt oft, daß man einen solchen Entschluß später, zu spät, bereut. Vor allem von Frauen sagt man das. Gab es in Ihrem Leben solche Momente, Simone?

Beauvoir: Überhaupt nicht! Niemals habe ich es bereut, kein Kind zu haben. Denn ich hatte sehr viel Glück, nicht nur in meiner Beziehung mit Sartre, sondern auch in meinen Freundschaften. Ganz im Gegenteil, wenn ich die Beziehung der Frauen, die ich kenne, mit ihren Kindern sehe, vor allem mit den Mädchen, wirklich, das erscheint mir oft gräßlich. Ich bin glücklich, dem entkommen zu sein.

Schwarzer: Wie sind eigentlich Ihre Spielregeln als Paar? Sagen Sie sich zum Beispiel immer die Wahrheit?

Sartre: Ich habe das Gefühl, daß ich immer die Wahrheit sagte, aber ich habe es spontan getan. Es war nicht nötig, mir Fragen zu stellen. Man sagt sie nicht immer gleich. Vielleicht acht, vierzehn Tage später. Aber man sagt sie, immer, alles. Ich zumindest! Und sie ...

Beauvoir: Ich auch. Ich auch. Aber ich denke, daraus kann

man keine Regel machen. Für uns war diese Klarheit praktisch, wir sind Intellektuelle und wissen sehr genau – wie Sartre gesagt hat –, ob man es heute sagen muß oder acht Tage später, ob man taktieren muß und so weiter ... Aber man kann nicht allen Paaren raten, sich immer brutal die Wahrheit zu sagen. Manchmal gibt es sogar eine Art, mit der Wahrheit umzugehen, die zur aggressiven Waffe wird – Männer machen das oft. Sie betrügen nicht nur ihre Frau, es macht ihnen auch noch Spaß, es ihr zu sagen, mehr, um sich selbst zu gefallen, als wegen der klaren Beziehung mit den anderen. Ich würde aus der Wahrheit nicht einen Wert an sich machen. Es ist ein Glück, wenn man sich alles sagen kann, aber es ist kein Wert an sich.

Schwarzer: Für viele Menschen sind Sie die Begleiterin von Sartre, Sartre war niemals der Begleiter von Beauvoir. Hat diese Diskriminierung Ihre Beziehung beeinflußt? Hat es Sie geärgert, gestört, belastet?

Beauvoir: Meine Beziehung zu Sartre hat das überhaupt nicht beeinflußt, es war ja nicht seine Schuld. Es hat mich auch nicht zu sehr behindert, da ich ja mit dem, was ich schrieb, eine gewisse persönliche Anerkennung hatte, auch ganz persönliche Beziehungen zu Frauen oder Lesern. Manchmal hat es mich natürlich geärgert, wenn ich in einer Kritik las, ich hätte wohl niemals eine Zeile geschrieben, wenn ich Sartre nicht getroffen hätte; oder es sei Sartre gewesen, der meine literarische Karriere gemacht hat; oder sogar – wie einige gesagt haben –, Sartre hätte meine Bücher geschrieben.

Schwarzer: Wie haben Sie, Sartre, auf solche Verleumdungen reagiert?

Sartre: Ich fand es vor allem lächerlich. Ich habe nie protestiert, denn das waren ja nur Gerüchte und keine wirklich ernst zu nehmenden Artikel. Mir persönlich war das egal – nicht etwa, weil ich ein Mann bin, der sich seiner Männlichkeit so bewußt ist, sondern weil das nichts bedeutet, weil es Gerede war. Zwischen uns hat das nie als Angst oder Bedrohung existiert.

Schwarzer: Ich möchte Ihnen eine banale Frage stellen, die mir jedoch wichtig erscheint, nämlich über die praktische Seite ihrer Beziehung. Zwischen Paaren spielt oft das Geld eine große Rolle, materielle Fragen haben sehr viel Gewicht. Hat Geld zwischen Ihnen eine Rolle gespielt?

Sartre: Zwischen uns nicht. Das heißt, das Geld war für jeden von uns wichtig, für uns beide, manchmal auch für uns beide zusammen, denn man muß leben. Aber das war zwischen uns nie ein Problem, es hat unsere Beziehung nicht beeinflußt. Wir hatten Geld, oder derjenige, der welches hatte, teilte es. Entweder man teilte es, oder man lebte getrennt, je nachdem.

Beauvoir: Als wir jung waren, hatte Sartre eine winzige Erbschaft von seiner Großmutter, und ich hatte überhaupt keine Skrupel, daß er sie verwendete, damit wir zusammen verreisen konnten. Wir hatten nie besonders strenge Regeln. Es gab Zeiten, wo ich Sartre buchstäblich auf der Tasche lag, zwei oder drei Jahre lang, nach dem Krieg, denn ich wollte schreiben – ich glaube, *Das andere Geschlecht*. Wenn ich einen Beruf ergriffen hätte – aus dem Schuldienst war ich ausgetreten –, hätte ich nicht schreiben können. Und damals hatte er viel Geld. Das hat mich nicht bedrückt. Vor ein paar Jahren war er einmal schlecht dran, und da habe ich ihm ausgeholfen. Da gibt es also keine Probleme, das Geld des einen gehört auch dem anderen – auch wenn wir getrennte Kassen haben, über die wir keine Rechenschaft ablegen. Ich mache mit meinem Geld, was ich will, und er dasselbe mit seinem.

Schwarzer: Wenn man so enge Beziehungen hat wie Sie, beeinflußt man einander. Können Sie, Jean-Paul Sartre, oder Sie, Simone, sagen, in welchen Punkten Sie einander beeinflußt haben?

Sartre: Ich würde sagen, wir haben uns total beeinflußt.

Beauvoir: Im Gegenteil, ich meine, das ist kein Einfluß, sondern eine Art Osmose.

Sartre: Wenn Sie so wollen. Bei besonderen Fragen, das heißt nicht nur literarischen, sondern auch in Lebensfragen, ist es immer eine Entscheidung, die wir gemeinsam treffen, und jeder beeinflußt den anderen.

Beauvoir: Ja, genau das nenne ich eine Osmose. Die Entscheidungen werden gemeinsam getroffen, die Gedanken fast gemeinsam entwickelt. Und so gibt es Punkte, bei denen Sartre mich beeinflußt hat. Zum Beispiel hat er vor allem Philosophie gemacht, und seine philosophischen Gedanken habe ich übernommen, sie sind von ihm gekommen. Andere Dinge sind von mir gekommen, bestimmte Lebensweisen zum Beispiel, die Art, wie wir reisen. Die habe vor allem ich durchgesetzt, zum Beispiel als wir kein Geld hatten und das Reisen ein bißchen beschwerlich war unter diesen Umständen: Sartre reiste gern, aber er hätte nicht all die Opfer gebracht, die ich von ihm verlangte – draußen schlafen, zu Fuß gehen ...

Schwarzer: Wie haben Sie im allgemeinen darauf reagiert? Haben Sie sich dagegen gewehrt, Sartre?

Sartre: Nein, ich tat, was getan werden mußte.

Beauvoir: Oh, er hatte eine ganz besondere Art, sich zu wehren. Er hatte Fläschchen und Pillen, oder er wurde unpäßlich ... Aber im allgemeinen hat er's dann doch getan ... Und dann gab es noch etwas, nicht eigentlich ein Einfluß, ich meine unsere Gewohnheit, uns alles vorzulegen, was wir schreiben. Alles, was ich geschrieben habe, hat Sartre kritisiert, und fast alles, was er geschrieben hat, habe ich kritisiert. Und manchmal sind wir nicht ganz derselben Meinung. Bei manchen Büchern hat er mir gesagt: Ich glaube, das werden Sie nicht schaffen, lassen Sie es sein ... Aber ich habe weitergemacht. Und als ich noch sehr jung war, sagte ich ihm: Ich glaube, Sie sollten sich besser mit Literatur als mit Philosophie befassen – und da hat er aber weitergemacht. Gott sei Dank! Jeder von uns ist unabhängig, trotz dieses Zusammenschlusses.

Schwarzer: Ich bin ein wenig erstaunt, daß Sie sich siezen. Sie gehören beide – fünf Jahre nach dem Mai '68 – mehr oder weniger zu revolutionären Bewegungen, wo es üblich ist, daß man sich duzt. Warum siezen Sie sich, und welche Bedeutung hat es heute für Sie, Sartre?

Sartre: Also, ich habe damit nicht angefangen: Es ist Simone de Beauvoir, die mich siezt. Ich habe es mir gefallen lassen und mich heute ganz gut daran gewöhnt. Ich könnte gar nicht mehr du zu ihr sagen – sie hat das geschafft.

Beauvoir: Ja, mir ist es immer sehr schwer gefallen, ich weiß nicht warum, Leute zu duzen. Dabei duzte ich meine Eltern, und das hätte mir eigentlich die Möglichkeit zum Du geben müssen. Meine beste Freundin Zaza duzte alle Freundinnen, aber mich siezte sie, weil ich sie siezte. Heute sieze ich meine beste Freundin Sylvie, ich sage fast zu allen Leuten Sie, außer zu ein, zwei Personen, die mir das Du aufgezwungen haben. Und ich sage Sie zu Sartre. Es ist klar, daß wir nicht nach '68, nach so vielen Jahren der Gewohnheit, plötzlich Revolutionäre spielen werden, indem wir uns duzen ...

Schwarzer: Glauben Sie heute, nach Ihrer langen Erfahrung, daß Sie soweit wie überhaupt möglich – ich sage nicht gänzlich – der herkömmlichen Beziehung zwischen Mann und Frau und dem entsprechenden Rollenverhalten entronnen sind?

Beauvoir: Ich glaube, bei der Lebensform, die wir gewählt haben, brauchte ich nicht oft die weibliche Rolle zu spielen. Nur einmal, erinnere ich mich; es war im Krieg, als sich jemand um die Lebensmittel, um Fahrkarten und so weiter kümmern, ein bißchen kochen mußte. Und das habe natürlich ich getan, nicht Sartre. Denn er war völlig unfähig dazu, weil er ein Mann war. Aber ich habe noch sehr oft mit anderen Männern zu tun gehabt, besonders mit einem sehr guten Freund, er war ganz anders erzogen worden; er hat seinen Haushalt häufig selbst gemacht, und mit ihm habe ich in den Kriegsjahren, als es kaum etwas gab, oft Bohnen geschält, eingekauft und so weiter. Ich glaube also nicht, daß das an meiner Beziehung zu Sartre lag – sondern viel mehr an Sartres Unfähigkeit. Aber die kommt natürlich von seiner männlichen Erziehung, die ihn von sämtlichen Hausarbeiten ferngehalten hat. Ich glaube, er kann nur Spiegeleier machen.

Sartre: Ja, irgend so was.

Schwarzer: Die Frauen, die es gerne sehen würden, daß es wenigstens eine emanzipierte Frau gibt, haben in Ihren Memoiren manchmal Sätze gefunden, die sie enttäuscht haben ... Als Sie zum Beispiel über Ihre Beziehung zu Olga sprachen, haben Sie gesagt: «Ich war verärgert» oder «gereizt» oder so ähnlich, «aber Sartre mochte sie sehr, und so habe ich mich bemüht, die Dinge auf seine Weise zu sehen, denn es war mir sehr wichtig, mich in allem mit Sartre zu vertragen». Und ich erinnere mich an eine andere Episode, als Sie, Jean-Paul Sartre, aus dem Krieg zurückkamen und sagten: Simone, jetzt machen wir Politik! Und Sie schreiben: «Also machten wir Politik.»

Beauvoir: Ich glaube nicht, daß ich das gesagt habe, weil ich eine Frau bin. Denn viele meiner Freunde, die sehr verwirrt waren und nicht wußten, was tun, hatten dieselbe Reaktion wie ich und ließen sich überzeugen. Das ist gerade einer seiner Vorzüge. Er sieht immer Möglichkeiten – die dann manchmal unmöglich werden, aber er eröffnet immerhin diese Möglichkeiten. Und nicht nur ich, sondern fast alle unsere jüngeren oder auch gleichaltrigen Freunde sind ihm damals gefolgt. Und er hatte damals auch die Autorität von jemand, der im Gefangenenlager war. Es war also nicht so sehr die Frage der Beziehung zwischen Mann und Frau. Und zum ersten Satz: Ich hatte immer das Bedürfnis, mich in allen Punkten mit Sartre zu verstehen, ja, bei wichtigen Dingen, das war für mich immer notwendig. Ich weiß nicht, ob für Sie ...

Sartre: Für mich auch, unbedingt ...

Beauvoir: Ich glaube nicht, daß Sie eine große Distanz zwischen uns hingenommen hätten.

Schwarzer: Hätten Sie denselben Satz sagen können?

Sartre: Ja, bestimmt.

Schwarzer: Seit zwei Jahren, Simone, sind Sie mit der Frauenbewegung verbunden. Jetzt möchte ich die Gelegenheit nutzen und Sartre die Frage stellen: Was halten Sie heute vom autonomen Befreiungskampf der Frauen?

Sartre: Was verstehen Sie unter «autonom»?

Schwarzer: Den politischen Kampf von Frauenorganisationen oder -gruppen unabhängig von den Männern.

Sartre: Was die Beziehung zwischen Frau und Mann angeht, da bin ich ganz und gar einverstanden mit Simone de Beauvoir. Aber was die Organisation ohne Männer angeht, habe ich mich oft gefragt, ob das nötig ist. Ich kann das im Augenblick nicht entscheiden, denn ich sehe, daß es für die Frauen notwendig ist. Ich frage mich jedoch, ob es die richtige Kampfform ist: ob nicht auch Formen wichtig sein könnten, die die Männer einbeziehen, die wie sie denken.

Beauvoir: Aber die Männer denken nie ganz wie die Frauen!

Sartre: Das sagen Sie mir immer wieder.

Beauvoir: Ja, genau.

Sartre: Sie sollten gleich zugeben, daß Sie in diesem Punkt kein Vertrauen in mich haben.

Beauvoir: Selbst Sie, der Sie theoretisch und ideologisch ganz und gar Verfechter der Frauenemanzipation sind, selbst Sie teilen trotz allem nicht, was die Frauen – und ich mit ihnen – ihre Frauen-Erfahrungen nennen. Es gibt Dinge, die können Sie nicht verstehen. Sylvie und ich, wir greifen Sie oft deswegen an, denn es gibt Dinge, die können Sie einfach nicht begreifen. Zum Beispiel, was Alice neulich sagte, daß sie nicht auf den Straßen von Rom spazierengehen kann, ohne die ganze Zeit über Aggression zu verspüren – das gehört eben nicht zu Ihrer Erfahrung als Mann. Und als ich es Ihnen erzählt habe, da sagten Sie: «Was Sie mir da erzählen, berührt mich nicht sehr, denn ich habe mich Frauen gegenüber nie aggressiv verhalten.»

Schwarzer: Das ist eine eher reaktionäre Antwort. Würden Sie auch sagen: «Es ist nicht schlimm, daß es Klassen gibt, weil ich, Sartre, einem Arbeiter noch nie ein Leid zugefügt habe?» So etwas würden Sie nie wagen!

Sartre: Aber das ist nicht ganz dasselbe ...

Beauvoir: Trotzdem ist das gar nicht so weit hergeholt. Auch dem gutwilligsten Mann fällt es schwer, vor allem solchen aus Sartres Generation, denn ich kenne jüngere Leute, Fünfunddreißigjährige, die äußerst sensibel auf die Aggression reagieren, die Frauen ihres Alters erleiden. Aber ich glaube, da gibt es noch etwas: Als ich jung war, war ich solchen Aggressionen nie so ausgesetzt. Die Männer haben sich wohl etwas verändert. Ich glaube, gerade die Emanzipation hat sie feindseliger gegenüber den Frauen gemacht als zuvor, sie sind aggressiver, aufdringlicher, ironischer, widerwärtiger als zu meiner Zeit.

Schwarzer: Sartre, Sie haben gesagt, daß Sie mit Simone de Beauvoir theoretisch in der Frauenfrage einig sind. Sie geben also zu, daß es eine spezifische Unterdrückung gibt, die vom gesamten System und von jedem einzelnen Mann ausgeübt wird. Und wenn ich mich nicht irre, gibt Ihre politische Theorie und Praxis gemeinhin den Unterdrückten immer recht, das heißt, Sie würden sich niemals erlauben, einem Arbeiter vorzuschreiben, wie er handeln oder sich organisieren soll. Wie kommt es, daß es sich für Sie nicht ebenso von selbst versteht, wenn es um Frauen geht?

Sartre: Zuerst muß ich sagen, daß Castor [Anm. der Interviewerin: So nennen alle alten Freunde Beauvoir] übertreibt, wenn sie sagt, ich hätte überhaupt keine Erfahrung damit, was es heißt, als Frau gedemütigt zu werden, nur weil ich ein Mann bin. Immer wenn die Frauen aus meiner Umgebung mir erzählen, daß sie im Laufe des Tages Opfer einer solchen Verfolgung gewesen sind, dann entrüstet mich das! In dieser Hinsicht habe ich die Erfahrung, die mir möglich ist. Genau die der Frauen kann ich nicht haben. Aber ich habe die Erfahrung eines Menschen, der andere Menschen liebt und der der Ansicht ist, daß sie eine unwürdige Behandlung erfahren. Soviel hierzu. – Aber was genau verlangen Sie eigentlich?

Schwarzer: Seit fünf Jahren gibt es in Amerika und anderen westlichen Ländern – so auch in Frankreich! – Frauen, die sich als Teil der revolutionären Bewegungen verstehen und die die Konsequenzen aus ihrer Erfahrung ziehen aus der Tatsache, daß die Frauen in Gegenwart von Männern, selbst wenn es gutwillige Männer sind (denn solche gibt es ja), eingeschüchtert sind. Es gibt sehr subtile Herrschaftsstrukturen, von denen sich die Frauen in Anwesenheit von Männern einfach nicht befreien können! Deshalb, ich sage es noch einmal, wundert es mich, daß Sie, Sartre, keine Vorstellung, keine klarere Antwort auf diese Forderung, dieses Recht der Frauen auf politische Autonomie haben. Als Übergang, nicht als Endziel, versteht sich.

Sartre: Also zunächst glaube ich in der Tat, daß die Frauen

verfolgt werden und die Männer sich die größte Mühe geben, sie als das «andere Geschlecht» zu behandeln, wie Simone de Beauvoir es geschrieben hat. Und ich sehe ein, daß es solche Frauengruppen geben muß. Ich habe nur gesagt, daß diese Gruppen meiner Meinung nach nicht immer die Isolation der Frauen rechtfertigen, die sich allein versammeln. Es müßte Sitzungen geben, an denen die Männer teilnehmen könnten. Ich meine, daß die Frauen in der Tat – wenn Sie so wollen – Unterdrückte besonderer Art sind. Das hat nichts mit den Arbeitern zu tun. Und im übrigen stimmt auch die Art der Unterdrückung nicht überein. Der Arbeiter wird auf eine bestimmte Weise unterdrückt, und die Frau wird auf eine bestimmte Weise unterdrückt. Sogar wenn sie keine Arbeiterfrauen sind! Weder die Form der Unterdrückung noch ihr Ausmaß sind identisch. Und so meine ich, daß die Beziehung zwischen Frau und Mann oder Mann und Frau, wie Sie wollen, in der Tat ein Unterdrückungsverhältnis ist. Aber ich sehe nicht, was ich mehr tun kann, als es anzuprangern.

Beauvoir: Dazu muß man sagen, daß er eine große Propaganda bei seinen Freunden von der *Libération* gemacht hat, um sie zu überzeugen, Frauen in ihre Zeitung zu nehmen, sich um Frauenprobleme zu kümmern. Sie haben zum Beispiel etwas sehr Gutes über die Abtreibung gemacht, und er hat sogar versucht, sie von ihrem Machismo zu heilen. Der kämpft gegen den Machismo seiner jungen Genossen, denn die sind, mehr oder weniger subtil, bei aller Radikalität zum größten Teil Machos.

Kursbuch, 1973

«Das Ewig Weibliche ist eine Lüge»

Über den neuen «Weiblichkeitswahn»,
Mutterschaft, Männergewalt und den Tumult beim
Erscheinen des *Anderen Geschlechts*

Paris 1976

Simone de Beauvoir (rechts) bei einem Essen
mit Frauen vom Mouvement de libération des femmes
(zweite von links: Alice Schwarzer)

Schwarzer: Erst vor vier Jahren haben Sie zum erstenmal erklärt, Sie seien Feministin. Sie, die Theoretikerin, die am entscheidendsten den neuen Feminismus beeinflußt hat, Sie waren bis zu Beginn der neuen Frauenbewegung Anti-Feministin. Das heißt, Sie waren gegen eine autonome Frauenbewegung und haben an eine sozialistische Revolution geglaubt und die daraus folgende *automatische* Lösung der Frauenfrage. Seither ist viel passiert. Sie selbst sind aktiv in der Frauenbewegung, und der Frauenkampf ist ins öffentliche Bewußtsein gedrungen. Das sogenannte Jahr der Frau scheint mir symptomatisch gewesen zu sein. Was meinen Sie?

Beauvoir: Wir Feministinnen haben schon oft gesagt, was wir davon halten. Man hat uns damit zum Narren gehalten und erniedrigt. Demnächst kommt das Jahr des Meeres, dann das Jahr des Pferdes, des Hundes und so weiter ... Das heißt, man hält uns Frauen für Objekte, die es in dieser Männerwelt nicht wert sind, mehr als ein Jahr lang ernst genommen zu werden. Dabei sind wir die Hälfte der Menschheit. Es ist also folglich völlig grotesk, von *einem* Jahr der Frau zu sprechen. Alle Jahre müßten ein Jahr der Frau sein, Jahre des Menschen überhaupt ...

Schwarzer: Aber denken Sie nicht trotzdem, daß – im

Gegensatz sicherlich zur ursprünglichen Absicht der Initiatoren – der offene Zynismus, mit dem die meisten Männer das Jahr der Frau zelebriert haben, so manche Frau empört hat und dadurch den Frauenkampf letztlich bestärkt?

Beauvoir: Ich denke, daß das nicht dem Jahr der Frau zu verdanken ist, sondern den Anstrengungen der Frauenbewegung. Also den nicht organisierten, nicht offiziellen Frauen. Das Jahr der Frau ist überhaupt erst gemacht worden, weil es schon eine Frauenbewegung gab. Um diese Bewegung zu vereinnahmen, sozusagen. Um die Wogen zu glätten. Das Jahr selbst hat uns überhaupt nicht weitergebracht. Die Frauen in Mexiko waren nichts weiter als Marionetten der Männerpolitik. Was am deutlichsten in dem Konflikt zwischen den Vertreterinnen Israels und denen der arabischen Länder wurde. Die einen sind so patriarchalisch wie die anderen, und der Islam sicher noch mehr als das Judentum.

Schwarzer: Könnte man nicht dennoch sagen, daß trotz alledem dieses Jahr der Frau auch etwas genutzt hat?

Beauvoir: Sicherlich. Grundsätzlich ist ja zu sagen, daß auch ganz erbärmliche Reformmaßnahmen immer etwas bringen, aber eben auch gefährlich sind. Das beste Beispiel ist das neue französische Abtreibungsgesetz. Das ist eine gänzlich unzureichende Maßnahme, die nur in Reaktion auf unseren Kampf hin erfolgte. [In Frankreich wurde 1975 die Abtreibung in den ersten zehn Wochen freigegeben. AS.] Das hat Herr Giscard d'Estaing gemacht, der modern tun will, das heißt nicht tatsächliche Privilegien angreift, sondern nur einige Tabus ankratzt. Gut. Das ist also eine Maßnahme, die einerseits überhaupt nichts

Grundsätzliches verändert. Sie verträgt sich durchaus mit einer kapitalistischen und patriarchalischen Welt (der beste Beweis dafür ist, daß die freie Abtreibung auch in Japan und in den USA existiert). Aber dennoch ist eine solche Reform nicht zu unterschätzen. Sie erleichtert Frauen viele akute Probleme und ist auch ein Anfang. So wie die Pille es war. Aber ebenso wie die Pille, die die Gesundheit der Frauen gefährdet und Frauen verstärkt zur alleinigen Verantwortung für die Verhütung drängt, kann auch die freie Abtreibung zum Bumerang werden. Mit einer Gegenattacke der Männer muß in einer männerbeherrschten Welt grundsätzlich gerechnet werden. Sie werden es benutzen, um eine zusätzliche Unterdrückung daraus zu machen. Sie werden sagen: «Jetzt, wo keine Gefahr mehr ist, kannst du mich doch ranlassen. Du brauchst doch nur abzutreiben ...»

Schwarzer: 1971 gehörten Sie zu den Frauen, die sich öffentlich angeklagt haben, abgetrieben zu haben. Seither haben Sie an etlichen Initiativen und Aktionen von Feministinnen teilgenommen. Wie sehen Ihre Beziehungen zu den jungen Feministinnen aus?

Beauvoir: Das sind eher Kontakte zu einzelnen Frauen, die mir persönlich und politisch nahestehen, weniger zu Gruppen oder Tendenzen. Mit ihnen arbeite ich an präzisen Projekten. Das heißt, ich bin weniger eine Militante im engeren Sinne – ich bin ja keine 30 mehr, sondern 67 und eine Intellektuelle, deren Tat das Wort ist –, sondern verfolge die Aktivitäten der Frauenbewegung aus nächster Nähe und stehe ihr zur Verfügung. So machen wir bei *Les Temps Modernes* regelmäßig zusammen eine Seite über den «alltäglichen Sexismus». Außerdem fungiere ich als Präsidentin der «Liga für Frauenrechte», und ich unterstütze die Versuche, Häuser für geschlagene Frauen zu schaffen. Das finde ich besonders wichtig, denn das Problem der Gewalt geht fast alle Frauen an – unabhängig von ihrer Klassenzugehörigkeit. Das ist wie mit der Abtreibung, das geht durch alle Klassen. Frauen werden ja von Ehemännern, die Richter sind, ebenso geschlagen wie von Ehemännern, die Hilfsarbeiter sind. Wir haben jetzt ein «SOS der geschlagenen Frauen» gegründet. Und wir versuchen, Häuser zu bekommen, um wenigstens vorübergehend einer solchen Frau und ihren Kindern helfen zu können. Denen, die nicht mehr nach Hause können, weil sie da geprügelt werden – nicht selten zu Tode. Nach langem Hin und Her bekommen wir jetzt ein Haus bei Paris von der Gemeinde zur Verfügung gestellt ...

Schwarzer: Von Ihnen als Theoretikerin, Simone, haben die Feministinnen viel gelernt. Haben auch Sie etwas von uns gelernt?

Beauvoir: Ja! Sehr viel! Sie haben mich in vielen meiner Ansichten radikalisiert! Ich, ich war daran gewöhnt, in dieser Welt zu leben, wo die Männer so sind, wie sie sind: nämlich Unterdrücker. Ich selbst habe, glaube ich, noch nicht einmal allzusehr darunter gelitten. Ich bin den meisten typisch weiblichen Sklavenarbeiten entgangen, war nie Mutter und nie Hausfrau. Und beruflich gehörte ich zu den Privilegierten, denn zu meiner Zeit gab es noch weniger Frauen, die Lehrerin für Philosophie waren. Da wurde man auch von den Männern anerkannt. Ich war eine Ausnahmefrau, und – ich habe es akzeptiert. Heute weigern sich die Feministinnen, Alibi-Frauen zu sein. Und sie haben recht! Man muß kämpfen! Was sie mir vor allem beigebracht haben, ist die Wachsamkeit. Nichts durchgehen lassen! Selbst nicht die banalsten Dinge, diesen alltäglichen Sexismus, den wir so gewöhnt sind. Das fängt schon bei der Sprache an.

Schwarzer: *Das andere Geschlecht*, das sozusagen die «Bibel» des Feminismus ist (allein in Amerika über eine Million verkaufter Exemplare), war ursprünglich eine rein *intellektuelle* und *theoretische* Arbeit, keine Streitschrift. Wie waren da eigentlich die Reaktionen, als es 1949 erschien?

Beauvoir: Sehr heftig! Sehr gegen mich! Sehr, sehr feindselig!

Schwarzer: Von welcher Seite?

Beauvoir: Von allen Seiten. Vielleicht waren wir auch ein wenig ungeschickt. Wir haben nämlich noch vor Erscheinen des Buches das Kapitel über Sexualität in *Les Temps Modernes* veröffentlicht. Das hat vielleicht einen Sturm ausgelöst! Von einer Vulgarität ... Mauriac zum Beispiel schrieb prompt an einen Freund, der mit uns zusammen bei *Les Temps Modernes* arbeitet: «Oh, ich habe bei der Lektüre gerade so einiges über die Vagina Ihrer Chefin erfahren ...» Und Camus, der damals noch ein Freund war, tönte: «Sie haben den französischen Mann lächerlich gemacht!» Ich habe Professoren gesehen, die das Buch quer durch den Hörsaal schmissen, weil sie es nicht ertragen konnten, es zu lesen, und wenn ich ins Restaurant ging, angezogen wie immer – nämlich eher «weiblich», wie es meine Art ist –, dann guckten die Leute und tuschelten: «Aha, das ist sie ... Ich dachte, daß ... Also wird sie beides sein ...» Mir ging nämlich damals ein saftiger Ruf als Lesbe voraus. So ist das eben: Eine Frau, die es wagt, solche Dinge zu sagen, die kann ja nicht «normal» sein. Auch die Kommunisten haben mich fertiggemacht, haben mich «bourgeoise» geschimpft und behauptet: «Den Arbeiterinnen in Billancourt ist das, was Sie da erzählen, schnuppe.» – Was nicht stimmte! Ich hatte also weder die Rechten noch die Linken.

Schwarzer: Einige sind sogar so weit gegangen zu sagen, nicht Sie, sondern Sartre hätte Ihre Bücher geschrieben. Und auf jeden Fall sind selbst Sie für die öffentliche Meinung – die ja männerbeherrscht ist – immer das «relative Wesen» geblieben, das Sie im *Anderen Geschlecht* analysiert haben. Das heißt, Sie sind die Frau geblieben, die nicht selbst, sondern nur in Relation zum Mann existiert, nämlich: «die Lebensgefährtin Sartres». Sartre hingegen als den «Lebensgefährten Beauvoirs» zu bezeichnen – undenkbar!

Beauvoir: Genau. Vor allem in Frankreich waren sie völlig entfesselt. Im Ausland ging es besser. Eine Ausländerin, die toleriert man leichter. Das ist weit weg und darum weniger bedrohlich.

Schwarzer: Die Beziehung zwischen den Linken und den Feministinnen hat sich nicht gebessert. Im Gegenteil. Ich würde sogar sagen, es ist schlimmer geworden. Die meisten Genossen haben dermaßen ihren «Überlegenheitskomplex» verinnerlicht (wie Sie selbst es einmal genannt haben), daß sie die Feministinnen, die sich immer als Teil der Linken begriffen haben, grundsätzlich als «bürgerlich» oder «reaktionär» diffamieren. Der Geschlechterwiderspruch sei nur ein «Nebenwiderspruch»,

heißt es, und spalte den Klassenkampf, den «Hauptwider-
spruch».

Beauvoir: Die armen Lieblinge, sie können fast nicht anders. Auch Genossen sind Paschas. Die haben das dermaßen im Blut ... Das ist auch so einer der großen Männer-
tricks, das mit dem Nebenwiderspruch. Der Widerspruch
Frau/Mann ist genauso wesentlich wie jeder andere. Da
steht immerhin die Hälfte der Menschheit gegen die andere
Hälfte. Beide, Geschlechter- und Klassenwiderspruch,
sind wichtig. Das ist sehr komplex, und die Frauenbewegung muß eine Verbindung zwischen beiden finden.
Grundsätzlich ist auch zu sagen, daß die Vorstellung von
der Vorrangigkeit des Klassenkampfes überhaupt zuneh-
mend fragwürdig ist, auch für Linke. Es gibt heute so viele
revolutionäre Kämpfe, die den Rahmen des Klassenkampfes sprengen. Der Kampf der Gastarbeiter zum Beispiel,
die Autonomie-Bestrebungen der Regionen, die Jugend-
bewegung und der Kampf der Soldaten in den französischen Kasernen. Der Frauenkampf nimmt dabei einen besonderen Platz ein. Er geht durch alle Klassen. Sicher, die
Unterdrückung der Frauen nimmt, je nach Klassenzugehörigkeit, unterschiedliche Formen an. So gibt es Frauen,
die Opfer auf beiden Seiten sind: als Arbeiterin in der Fa-
brik und als Frau eines Arbeiters in der Küche. Andere
erleiden nur eine dieser Unterdrückungen: nämlich als
Ehefrau und Mutter. Aber selbst die nicht berufstätige
Ehefrau eines bürgerlichen Mannes ist nicht privilegiert
wie er: Sie landet sehr schnell im Proletariat, wenn ihr
Mann sie verläßt. Dann steht sie da, ohne Beruf, ohne
Qualifikation, ohne eigenes Geld ... Das abzustreiten ist

ein Männertrick, mit dem die Männer die Kämpfe unter sich aushandeln wollen; denn Klassenkämpfe, das sind Kämpfe unter Männern! Die Frauen, die Schätzchen, die dürfen höchstens mal dabei helfen. Anschließend werden sie wieder zurück in die Küche geschickt.

Schwarzer: Ist die Lage der Frauen in den sozialistischen Ländern Ihrer Meinung nach gleich, besser oder schlechter?

Beauvoir: Zunächst muß gesagt werden, daß die sozialistischen Länder nicht wirklich sozialistisch sind: Nirgendwo hat man den Sozialismus realisiert, von dem Marx träumte. Man hat die Produktionsverhältnisse geändert. Heute wissen wir, daß die Veränderung der Produktionsverhältnisse nicht ausreicht, um wirklich die Gesellschaft und den Menschen zu ändern. Folglich bleiben trotz des unterschiedlichen ökonomischen Systems auch die traditionellen Mann-Frau-Rollen erhalten. Doch ich glaube nicht, daß die Situation der Frauen in den sozialistischen Ländern schlimmer ist. Im Gegenteil. Die Frauen werden dort mehr respektiert und respektieren sich auch selbst mehr. Denn sie arbeiten zu 95 Prozent außerhalb des Hauses und verachten alle Frauen, die das nicht tun. Sie sind also ökonomisch unabhängig und haben auch mehr Erleichterungen in Sachen Heirat, Scheidung oder bei unehelichen Kindern. Als berufstätige Frauen sind ihnen sehr viel interessantere Bereiche zugängig. Aber die sogenannten weiblichen Aufgaben haben sie trotzdem auf dem Buckel. Eine weibliche Führungskraft zum Beispiel muß in Rußland nach ihrer Arbeit beim Einkaufen Schlange stehen, um Essen für Mann und Kinder ranzuschaffen. Die Frauen in den sozialistischen Ländern sind darum müder – noch müder – als die Frauen in den kapitalistischen Ländern, aber sie werden mehr geschätzt. Sie haben das Recht auf gewisse «männliche» Privilegien – nicht auf alle – und behalten alle «weiblichen» Pflichten.

Schwarzer: Glauben Sie an die Notwendigkeit einer Frauenbewegung in den sozialistischen Ländern?

Beauvoir: O ja! Aber ob das möglich ist ... Ich weiß es nicht. Ich glaube, das würde sehr, sehr schlecht aufgenommen in den sozialistischen Ländern, wo die Macht ja auch in Männerhand ist.

Schwarzer: Kommen wir noch einmal kurz auf die Reaktionen auf Ihr Werk zurück. Ich weiß, daß Sie seit dreißig Jahren täglich Briefe von Frauen aus der ganzen Welt erhalten. Für viele Frauen waren Sie, Simone, vor der Existenz des neuen kollektiven Frauenkampfes ein Idol, und Sie bleiben die Verkörperung unserer Revolte. Was übrigens sicher nicht nur mit Ihrer sehr tiefgreifenden und weitgehenden theoretischen Analyse zu tun hat, sondern auch mit Ihren autobiographischen Romanen, die Sie als eine Frau zeigten, die es wagt, zu existieren. – Meine Frage: Haben Sie etwas dazugelernt durch die zahlreichen Frauenreaktionen?

Beauvoir: Ich habe das unermeßliche Ausmaß der Unterdrückung begriffen! Es gibt Frauen, die sind tatsächlich eingekerkert! Und das ist nicht selten! Die schreiben mir heimlich, bevor der Mann nach Hause kommt ... Die interessantesten Briefe kommen von Frauen zwischen 35 und 45, die geheiratet haben, das sehr schön fanden und jetzt verraten und verkauft sind ... Sie fragen mich: «Was kann ich tun? Ich habe noch nicht einmal einen Beruf. Ich habe nichts. Ich bin nichts.» Mit 18, 20 heiratet man aus Liebe, und dann wacht man mit 30 auf – und da wieder rauszukommen, das ist sehr, sehr schwierig. Das hätte mir selbst passieren können, darum bin ich dafür so empfänglich.

Schwarzer: Es ist immer sehr heikel, Ratschläge zu geben, aber wenn eine Frau Sie fragt ...

Beauvoir: Ich glaube, eine Frau sollte sich vor der Falle der Mutterschaft und der Heirat hüten! Selbst wenn sie gern ein Kind hätte, muß sie sich gut überlegen, unter welchen Umständen sie es aufziehen müßte: Mutterschaft ist heute eine wahre Sklaverei. Väter und Gesellschaft lassen die Frauen mit der Verantwortung für die Kinder ziemlich allein. Die Frauen sind es, die aussetzen, wenn ein Kleinkind da ist. Frauen nehmen Urlaub, wenn das Kind die Masern hat. Frauen müssen hetzen, weil es nicht genug Krippen gibt ... Und wenn Frauen trotz alledem ein Kind wollen, sollten sie es bekommen, ohne zu heiraten. Denn die Ehe, das ist die größte Falle.

Schwarzer: Aber wenn Frauen schon verheiratet oder Mutter sind?

Beauvoir: In dem Interview mit Ihnen vor vier Jahren hatte ich gesagt, daß eine Hausfrau von 35 mehr oder weniger verloren sei. Darauf habe ich eine Menge sehr sympathischer Briefe bekommen, in denen Frauen mir schrieben: «Aber das stimmt überhaupt nicht! Wir können uns noch sehr gut wehren!» – Um so besser. Aber auf jeden Fall müßten sie versuchen, eine bezahlte Arbeit zu finden, um mindestens eine gewisse Selbständigkeit und Unabhängigkeit zu haben.

Schwarzer: Und die Hausarbeit? Was ist damit? Sollten Frauen sich weigern, mehr als die Männer im Haushalt und bei der Kindererziehung zu tun?

Beauvoir: Ja. Aber das genügt nicht. Für die Zukunft müssen wir andere Formen finden. Hausarbeit darf nicht mehr nur von Frauen, sondern muß von allen gemacht werden. Und – ganz wichtig! – sie muß aus der Isolierung heraus! Damit meine ich keine Vergesellschaftung der Arbeit des Stils, wie man ihn in der UdSSR zu einer gewissen Zeit praktiziert hat: nämlich Spezialtruppen, die dann die Arbeit machten. Das scheint mir sehr gefährlich zu sein, denn das Resultat ist eine noch schärfere Arbeitsteilung. Es gibt dann Leute, die ihr Leben lang kehren oder bügeln. Das ist keine Lösung. Sehr gut finde ich allerdings, was in einigen Gegenden von China zu existieren scheint, wo alle Leute – Männer, Frauen, sogar Kinder – sich an einem bestimmten Tag zusammentun und aus der Hausarbeit eine öffentliche Sache machen, die lustig sein kann. So waschen zum Beispiel alle zusammen zu einer bestimmten Stunde oder putzen. Es gibt ja keine Tätigkeit, die an sich erniedrigend ist. Alle Tätigkeiten sind gleichwertig. Es ist die Gesamtheit der Arbeits*bedingungen*, die erniedrigend ist. Fenster putzen, warum nicht? Das ist genausoviel wert wie Schreibmaschine schreiben. Erniedrigend sind die Bedingungen, unter denen man das Fensterputzen verrichtet: in der Einsamkeit, der Langeweile, der Unproduktivität, der Nichtintegration ins Kollektiv. Das ist es, was schlecht ist! Und auch diese Arbeitsteilung drinnen/draußen. Alles müßte sozusagen draußen sein!

Schwarzer: Es gibt Strömungen in der Frauenbewegung,

die – wie übrigens auch Stimmen in Parteien – einen Lohn für Hausfrauen fordern ...

Beauvoir: Da bin ich ganz und gar dagegen! Versteht sich! Gut, vielleicht wären Hausfrauen, die auf Grund ihres Alters keine andere Möglichkeit mehr haben, zufrieden, einen Lohn zu bekommen. Aber auf lange Sicht würde das bedeuten, Frauen in dem Glauben zu bestärken, Hausfrau sein sei ein Beruf, sei eine akzeptable Art zu leben. Aber genau das, diese Verdammung der Frauen ins Hausfrauen- und Mutter-Getto, diese männlich-weibliche Arbeitsteilung von draußen und drinnen, das müssen Frauen ablehnen, wenn sie vollwertige Menschen werden wollen!

Schwarzer: Die Argumentation einiger Frauen ist, daß durch die Forderung «Lohn für Hausarbeit» ein Bewußtsein für den Wert der Hausarbeit geschaffen würde.

Beauvoir: Einverstanden! Aber so erreicht man das meiner Meinung nach nicht! Es sind die Bedingungen der Hausarbeit, die geändert werden müssen. So wie es jetzt abläuft, ist dieser Wert dermaßen mit den Bedingungen, mit dem Hausfrauen-Getto, verknüpft, daß eine Entlohnung einiges, aber nichts Fundamentales ändern würde. Die Hausarbeit muß mit den Männern geteilt werden, und sie darf nicht länger isoliert-privat, sondern muß öffentlich verrichtet werden. Sie muß in Gemeinschaften, in Kollektive integriert werden, wo alle zusammen arbeiten. Das Familien-Getto muß gesprengt werden!

Schwarzer: Sie selbst, Simone, haben das Problem individuell gelöst. Sie haben keine Kinder und wohnen nicht mit Sartre zusammen, das heißt, Sie haben nie Hausarbeit für eine Familie oder einen Mann gemacht. Für Ihre Haltung zur Mutterschaft sind Sie oft angegriffen worden – auch von Frauen. Sie werfen Ihnen vor, etwas gegen die Mutterschaft zu haben.

Beauvoir: O nein! Ich habe nichts dagegen! Ich habe etwas gegen die Ideologie, die von allen Frauen verlangt, Mutter zu werden, und gegen die Umstände, unter denen Frauen Mutter sein müssen. Mutterschaft ist heute für Frauen eine böse Falle. Aus diesem Grund würde ich einer jungen Frau raten, nicht Mutter zu werden. Hinzu kommt eine schreckliche Mystifizierung der Mutter-Kind-Beziehung. Wenn die Leute dermaßen Wert auf Familie und Kinder legen, dann tun sie das, weil sie insgesamt in einer solchen Einsamkeit leben. Sie haben keine Liebe, keine Zärtlichkeit, keine Freunde, niemanden. Sie sind allein. Also machen sie Kinder, um jemanden zu haben. Und das ist grauenhaft. Auch für das Kind. Man macht aus ihm einen Notstopfen, der die Leere füllen soll. Dabei geht das Kind, sobald es groß ist, ja doch weg. Es ist überhaupt keine Garantie gegen die Einsamkeit.

Schwarzer: Sie sind oft gefragt worden: Bereuen Sie heute, kein Kind zu haben?

Beauvoir: O nein! Ich gratuliere mir jeden Tag dazu! Wenn ich die Großmütter sehe, die – anstatt endlich einmal ein bißchen Zeit für sich selbst zu haben – auf kleine Kinder aufpassen müssen ... Das macht ihnen nicht immer nur Freude ...

Schwarzer: Eine andere Frage: Welche Rolle spielt Ihrer Meinung nach die Sexualität, so wie sie heute abläuft, bei der Unterdrückung der Frauen?

Beauvoir: Ich denke, daß die Sexualität eine ziemlich

schreckliche Falle sein kann. Nicht nur für die Frauen, die frigide gemacht werden – denn das ist vielleicht noch nicht einmal das Schlimmste für sie selbst. Am schlimmsten ist es für die Frauen, die das Unglück haben, Sexualität mit Männern so beglückend zu finden, daß sie mehr oder weniger abhängig von Männern werden. Diese Hörigkeit kann ein zusätzliches Glied in der Kette sein, die Frauen an Männer fesselt.

Schwarzer: Wenn ich Sie recht verstehe, scheint Ihnen Frigidität bei den Macht-Ohnmacht-Beziehungen zwischen Mann und Frau für die Frauen eventuell eine vorsichtigere und angemessenere Reaktion, weil sie die Ohnmacht und das Unbehagen der Frauen spiegelt und Frauen weniger abhängig macht?

Beauvoir: Genau.

Schwarzer: Es gibt Frauen in der Frauenbewegung, die sich in dieser männerdominierten Welt weigern, ihr Privatleben mit Männern zu teilen, also keine sexuellen und emotionalen Beziehungen mit Männern haben. Das heißt, diese Frauen machen aus der weiblichen Homosexualität eine politische Strategie. Was halten Sie davon?

Beauvoir: Ich verstehe sehr gut diese politische Ablehnung eines Kompromisses. Genau aus dem Grund, den ich gerade nannte. Weil nämlich die Liebe eine Falle sein kann, die Frauen vieles akzeptieren läßt. Im Namen der Liebe werden Frauen erniedrigt und ausgebeutet und lassen sich ausbeuten. Doch an sich ist die ausschließliche Homosexualität genauso einengend wie die Heterosexualität. Ideal wäre, ebensogut eine Frau lieben zu können wie einen Mann, einfach ein menschliches Wesen. Ohne Angst, ohne

Zwänge, ohne Verpflichtungen. Aber so, wie es heute aussieht, verstehe ich sehr gut das große Mißtrauen, dessen Konsequenz für einige Frauen die Homosexualität ist. Mißtrauen gegen den Mann, aber auch gegen sich selbst – denn in den Beziehungen zwischen Frau und Mann ist nicht nur der Mann Chauvinist und Unterdrücker, sondern auch die Frau fällt oft in die masochistische Weibchen-Rolle.

Schwarzer: Von Ihnen ist der berühmte Satz: «Man kommt nicht als Frau zur Welt, man wird dazu gemacht.» Heute kann diese «Fabrikation» der Geschlechter bewiesen werden. Ihr Resultat ist, daß Frauen und Männer sehr unterschiedlich sind: Sie denken unterschiedlich, fühlen unterschiedlich, gehen unterschiedlich ... Doch dieser Unterschied ist nicht nur ein Unterschied, sondern beinhaltet die Minderwertigkeit der Frauen. Die sogenannten «männlichen» Qualitäten sind nicht *zufällig* die des herrschenden Geschlechts und die «weiblichen» nicht zufällig die des beherrschten, denn sie sind leichter auszubeuten. In diesem Zusammenhang ist es bezeichnend, daß sich eine neue Mystifikation des Ewig Weiblichen ankündigt.

Beauvoir: Es gibt sicherlich «weibliche» Qualitäten. Ich denke zum Beispiel, daß Frauen gewisse männliche Fehler abgehen. So das männlich Groteske – die Art, sich ernst zu nehmen, eitel zu sein, sich wichtig zu nehmen, und so weiter. Das heißt, Frauen, die eine Männerkarriere machen, können sehr gut auch diese Fehler annehmen. Aber sie haben trotzdem ein ganz klein wenig Humor, eine gesunde Distanz zu diesen Hierarchien. Und dann die Art, Konkurrenten zu zermalmen – im allgemeinen machen Frauen das nicht. Außerdem haben sie mehr Geduld – was bis zu einem gewissen Punkt eine Qualität ist, danach wird es ein Fehler. Und Ironie. Und eine ganz konkrete Art, denn Frauen sind auf Grund ihrer Rolle im täglichen Leben verwurzelt. Diese «weiblichen» Qualitäten sind also nicht angeboren, sondern resultieren aus unserer Unterdrückung. Aber wir könnten sie auch nach einer Befreiung bewahren – und die Männer müßten sie erlernen. Aber man darf nicht ins andere Extrem fallen: sagen, die Frau habe eine besondere Erdverbundenheit, habe den Rhythmus des Mondes und der Ebbe und Flut im Blut und all dieses Zeug ... Sie habe mehr Seele, sei von Natur aus weniger destruktiv et cetera. Nein! Es ist etwas dran, aber das ist nicht unsere Natur, sondern das Resultat unserer Lebensbedingungen. Die so «weiblichen» kleinen Mädchen sind fabriziert und nicht geboren! Zahlreiche Untersuchungen beweisen es! Eine Frau hat a priori keinen besonderen Wert, nur weil sie Frau ist! Das wäre finsterster Biologismus und steht in krassem Gegensatz zu allem, was ich denke.

Schwarzer: Und was bedeutet dieser Ruf nach der «Weiblichkeit»?

Beauvoir: Wenn man uns sagt: «Immer schön Frau bleiben. Überlaßt uns nur all diese lästigen Sachen: Macht, Ehre, Karrieren ... Seid zufrieden, daß ihr so seid: erdverbunden, befaßt mit menschlichen Aufgaben ...» Wenn man uns das sagt, sollten wir auf der Hut sein! Einerseits ist es richtig, daß Frauen sich nicht mehr ihres Körpers schämen, nicht ihrer Schwangerschaft und ihrer Periode. Richtig, daß sie ihren Körper kennenlernen, zum Beispiel in den «self help»-Gruppen, die ich ausgezeichnet finde.

All das ist sehr gut. Aber man darf keinen Wert an sich daraus machen, nicht glauben, der weibliche Körper verleihe einem eine neue Vision der Welt. Das ist lächerlich und absurd. Das hieße einen Gegen-Penis daraus machen. Frauen, die das glauben, fallen ins Irrationale, ins Mystische, ins Kosmische zurück. Sie spielen das Spiel der Männer – denn so wird man sie besser unterdrücken, besser von Wissen und Macht fernhalten können. Das Ewig Weibliche ist eine Lüge, denn die Natur spielt bei der Entwicklung eines Menschen eine sehr geringe Rolle, wir sind soziale Wesen. Außerdem: Da ich nicht denke, daß die Frau von Natur aus dem Manne unterlegen ist, denke ich auch nicht, daß sie ihm von Natur aus überlegen ist.

Spiegel, 1976

«Frauen fallen nicht so tief runter...»

Die Autorin des Buches
Das Alter über ihr eigenes Altern,
Mutter-Tochter-Beziehungen,
Sexualität und Schönheit

Paris 1978

Simone de Beauvoir und Sylvie le Bon

Schwarzer: Sie haben nicht nur die Lage der Frauen analysiert, sondern auch die der Alten. Heute nun werden Sie selbst 70 Jahre alt. Wie fühlen Sie sich, Simone?

Beauvoir: Wie immer.

Schwarzer: Wie immer?

Beauvoir: Nicht weil ich heute 70 werde, ist dieser Tag anders als die andern. Sicher, 70, das ist eine runde Zahl, aber die wiegt nicht schwerer als 69 oder 68 oder 60 ... Ich habe schon vor langer Zeit begriffen, daß ich nicht mehr jung bin. Als ich 50 war, da war es ein Schock für mich zu hören, wie junge Frauen sagten: «Ach, ist die Beauvoir schon so alt ...?» Oder auch direkt zu mir: «Mein Gott, Sie erinnern mich so an meine Mutter ...» Jetzt bin ich 70 und seit zwanzig Jahren daran gewöhnt, nicht mehr jung zu sein und mich nicht mehr als jung zu begreifen. Da ich mir übrigens nur wenige Bilder von mir selbst mache und nur wenige Gedanken über meine Person – dafür mehr über meine Umwelt und das, was ich zu tun habe, das, was passiert –, macht es mir nichts aus.

Schwarzer: Wenn ich Beauvoir-Fotos von früher sehe und Ihre Memoiren lese, dann habe ich auch den Eindruck, daß, wenn von einem Altersschock überhaupt die Rede sein

kann, er Sie eher in Ihren Fünfzigerjahren getroffen hat...
Beauvoir: Genau. Das war außerdem ein sehr schlechter Moment in der Geschichte Frankreichs, die Zeit des Algerien-Kriegs, der mich so getroffen hat, daß ich nachts oft weinte und meine Verzweiflung im Kissen erstickte. Ich werde alt, dachte ich, und die politische Zukunft ist finster – all das führte zu dem traurigen und desillusionierten Ende im *Lauf der Dinge*. Doch seither habe ich mich gewöhnt an all das...
Schwarzer: Damals sind Sie für das Eingeständnis dieser Resignation und für Ihren Satz «J'ai été flouée» [Ich bin betrogen worden] heftig angegriffen worden. Denn als Autorin des *Anderen Geschlechts* und Symbolfigur der Emanzipation sind Sie gerade auch in den Augen von Frauen zu einer Art Berufsoptimismus verurteilt: Alles, was Frauen heute nur schwer leben können, soll von Ihnen realisiert, von Ihnen erreicht werden. Im *Alter* haben Sie sich dagegen verwahrt. Sie schreiben: «Ich lehne es ab, mich durch ein erstarrtes Bild von mir entfremden zu lassen», und sagen, daß Sie Ihre persönliche Freiheit über Ihre politischen Interessen stellen.
Beauvoir: Ja. Und das ist mir auch sehr wichtig.
Schwarzer: Im *Alter* analysieren Sie auch die Rolle, die die sogenannte Würde spielt, die man den Alten zuschreibt. Das ist wie mit der Würde der Frau: Diese Erwartung erlaubt Menschen weder Leidenschaft noch Interessen und auch keine Auflehnung gegen diese Einengung. – In diesem Sinne sind Sie selbst, Simone, eigentlich eine recht «unwürdige alte Dame»...
Beauvoir: Ja, aber das war ich immer schon. Was mir in den

Sinn kam und was mich lockte, habe ich getan, statt es zu unterdrücken. Darum habe ich auch heute nichts nachzuholen.

Schwarzer: Gibt es Dinge, die Sie in den Memoiren nicht geschrieben haben und die Sie, hätten Sie sie noch einmal zu schreiben, jetzt sagen würden?

Beauvoir: Ja. Ich hätte gern eine wirklich sehr ehrliche Bilanz meiner eigenen Sexualität gezogen. Und zwar vom feministischen Standpunkt aus. Ich würde Frauen gern sagen, wie ich meine Sexualität gelebt habe, denn das ist nicht nur eine persönliche Frage, sondern auch eine politische. Früher habe ich darüber nicht geschrieben, weil ich die Wichtigkeit dieser Frage und vor allem auch der subjektiven Ehrlichkeit nicht in dem Ausmaß begriffen hatte – das habe ich von den jungen Feministinnen gelernt. Und ich werde voraussichtlich auch heute nicht mehr darüber schreiben, weil von dieser Art Geständnis nicht nur ich, sondern auch einige Personen, die mir sehr nahe stehen, betroffen wären.

Schwarzer: Sexualität hat ja auch für die Alten tabu zu sein. Sie haben das in Ihrem Essay sehr überzeugend dargelegt. Wie haben Sie selbst es eigentlich damit gehalten? Haben Sie sich diesem Tabu im Alter gebeugt?

Beauvoir: Gebeugt habe ich mich in dieser Frage schon immer meinem Kopf, der bei mir stärker ist als der Körper. Sobald das Ausleben der sexuellen Beziehung nicht möglich war, hatte ich auch kein sexuelles Verlangen. Eigentlich hatte ich immer nur die Bedürfnisse, die auch realisierbar und an eine bestimmte Person gebunden waren. Nur als ich sehr jung war, mit zwölf Jahren, kannte ich sexuelles

Begehren sozusagen ins Leere hinein. Damals war es so heftig, daß es mir schier unerträglich schien, noch bis fünfzehn warten zu müssen, bis ich endlich heiraten durfte (denn selbstverständlich konnte ich mir Sexualität nur im Rahmen einer Ehe vorstellen). Später gab es für mich Sexualität immer nur in Verbindung mit leidenschaftlicher Liebe. War ich also bereit, eine Liebesbeziehung einzugehen, hatte ich auch sexuelle Empfindungen. War ich nicht verfügbar, hatte ich auch keine Sexualität.

Schwarzer: War diese Verfügbarkeit in den letzten zwanzig Jahren für Sie so möglich wie zuvor?

Beauvoir: O nein: Das ist ganz und gar vorbei. Etwas in meinem Körper ist tot. Gott sei Dank. Denn – ich habe zwar nichts gegen alte Frauen, die noch von sexuellen Begierden geschüttelt werden, aber ich denke, daß sie es in unserer Gesellschaft verdammt schwer haben ...

Schwarzer: Im *Alter* sprechen Sie auffallend häufig vom Ekel vor dem alternden Körper. Haben Sie selbst vor sich diesen Ekel?

Beauvoir: Ach wissen Sie, ich war nie sehr narzißtisch. Ich habe nie großen Gefallen an meinem eigenen Körper gefunden, und daß das mit zunehmendem Alter eher noch abnimmt, versteht sich.

Schwarzer: Sie waren – auch nach Männernormen – immer eine sehr schöne Frau. Hat es Ihnen etwas ausgemacht, Falten zu bekommen?

Beauvoir: Ich habe mich nie sehr auf die Schönheit verlassen. Als ich 30, 35, 40 war, konnte es mir passieren, in den Spiegel zu schauen und mich ganz passabel zu finden. Aber es ist mir nie so gegangen wie manchen Frauen, die ich kenne – und die ich auch schätze und mag –, die ganz auf ihre Schönheit gebaut haben und dann nur sehr schwer mit dem Altern zurechtkommen. Wichtig war mir vor allem mein Kopf, alles andere war sekundär. Dennoch habe ich natürlich ein gewisses Gefallen an meinem Aussehen gefunden, und ich habe mein Gesicht mit 50 mit dem von 40 verglichen – was mich nicht gerade zufrieden gemacht hat. Aber heute stellt sich diese Frage schon lange nicht mehr.

Schwarzer: Im *Alter* beschreiben Sie den Widerspruch zwischen dem objektiven Zustand, in dem der alternde Mensch ist – und der hat nicht nur gesellschaftlich bedingte Gründe, sondern auch biologische –, und dem subjektiven Gefühl, das er hat. Sie sagen: man fühlt sich jung in einem alten Körper.

Beauvoir: Ja. Sartre hat das Alter sehr treffend das «Unrealisierbare» genannt. Das «Unrealisierbare» ist etwas, was zwar für die anderen existiert, aber nicht für einen selbst. Wenn ich schlafe, wenn ich aufwache, wenn ich gehe, mich bewege, ein Buch lese – dann denke ich nie: ich bin alt. Ich fühle mich ohne Alter. Sicher, mit 52, 53, 54, da dachte ich: jetzt werde ich alt. Heute ist dieses Gefühl zwar ein selbstverständlicher Teil meiner Gewohnheiten und meines Körpers geworden, aber ich begreife mich dennoch nicht als alt. Cocteau hat das sehr treffend gesagt: Das Schlimme am Alter ist, daß man jung ist.

Schwarzer: Wieweit sieht Ihr Tagesablauf heute anders aus als früher?

Beauvoir: Ich fühle mich weniger stark, also bin ich weniger hartnäckig, weniger fordernd mit mir selbst. Das ist ein Nachteil, aber auch ein Vorteil, denn ich habe mehr Muße und Zeit. Früher, mit 30, da rannte ich, kaum hatte ich die Augen geöffnet, los. Ich schrieb, machte tausend Sachen, hatte noch so viel vor mir. Heute bin ich gelassener, laß mir ein wenig Zeit, lese, tu Dinge, die mir ganz persönlich Spaß machen. Und ich bin auch sparsamer mit meinen Kräften. Es interessiert mich auch nicht mehr, zum Beispiel so wie früher, bis tief in die Nacht hinein auszugehen, zu trinken, zu feiern – das würde mir auch am nächsten Tag schlecht bekommen ... Ich mag diese Gelassenheit, und gleichzeitig bedaure ich sie. Denn hartnäckig um die Zukunft ringen bedeutet, daß man in dieser Zukunft seinen Platz hat. Meiner Meinung nach ist die strahlendste Phase in einem Leben, wenn man zwischen 30 und 50 oder 30 und 60 ist, sein Leben aufgebaut und nicht mehr die Schranken der Jugend hat – Familiengeschichten, Karrieredruck –, das ist der Moment, wo man frei ist und viel vor sich hat. Aber das Alter, das ist Schritt vom Unendlichen ins Endliche. Man hat keine Zukunft mehr – das ist das Schlimmste.

Schwarzer: Erleichtert die Tatsache, daß Ihr Werk ein so beachtliches und beachtetes ist, Ihnen das Altern?

Beauvoir: Sicher. Das erleichtert es mir nicht nur, sondern beschwört es sozusagen. Ich sage mir, gut, ich könnte vielleicht noch ein, zwei Bücher schreiben, aber das verändert nichts Entscheidendes am Kern meines Werkes: dem *Anderen Geschlecht*, den *Mandarins*, der Autobiographie. Das Wesentliche ist getan, liegt hinter mir.

Schwarzer: Welche Interessen und Projekte bleiben Ihnen?

Beauvoir: Spaß macht mir zur Zeit etwas, was ich mir bisher nie gestattet habe: die Verfilmung meiner Bücher. Das heißt, es handelt sich nicht um etwas Neues, aber um eine neue Art, dem Publikum das, was ich schon geschrieben habe, näherzubringen. Ich habe mitgearbeitet an der Verfilmung meiner Erzählung *Eine gebrochene Frau*, die demnächst im französischen Fernsehen gezeigt werden wird. Ähnliches ist für *Die Welt der schönen Bilder* geplant und vielleicht auch für die *Mandarins*. Ich verspüre das Bedürfnis, mir meine eigene Arbeit wieder anzueignen, und vor allem auch, es einem anderen Publikum – dem, das nicht gewohnt ist zu lesen, aber fernsieht – zugänglich zu machen. Das beschäftigt mich zur Zeit. In zwei Jahren wird es vielleicht etwas ganz anderes sein ... Wäre ich allerdings heute 30 oder 40 – ja, dann würde ich wahrscheinlich die Psychoanalyse aufarbeiten. Aber wirklich. Nicht ausgehend von Freud, sondern wirklich ganz von vorn und von einem feministischen Standpunkt aus, oder sagen wir ganz einfach: aus einer weiblichen statt aus einer männlichen Sicht. Das würde mich interessieren! Aber ich, ich habe nicht genug Zeit vor mir. Andere Frauen sollten es tun.

Schwarzer: Ich möchte noch einmal aufs *Alter* zurückkommen. Sie haben das Buch mit 60, also auf der Schwelle zu Ihrem eigenen Alter geschrieben. Auffallend sind die zahlreichen Altersbeispiele von Schriftstellerin und Künstlerin. War diese Arbeit unter anderem der Versuch herauszufinden, was Sie selbst erwartete?

Beauvoir: Nein, nicht ganz. Richtig ist, daß mich die Untersuchung auch interessierte, weil ich selbst im Begriff war zu altern. Vor allem aber interessierte mich das gesellschaftliche Phänomen – es lag zu der Zeit ja auch schon in der Luft. Die Menschen leben länger, die ökonomischen und sozialen Probleme älterer Menschen sind einfach schrecklich, und ich war selbst aus nächster Nähe damit konfrontiert durch Freundinnen, die als Sozialhilfe und ähnliches arbeiten. Mich erfaßte Mitleid und Sympathie für die Alten. Ich wollte darüber sprechen. Gleichzeitig interessierte mich natürlich besonders, wie die Menschen meines Milieus, wie Intellektuelle und Schriftsteller diesen Moment ihres Lebens erlebten. Das war es auch, was mir an der Arbeit am *Alter* am meisten Spaß gemacht hat: zu lesen, was alte Menschen über ihr eigenes Alter denken.

Schwarzer: Hat die Tatsache, daß Sie das Alter so gründlich dokumentiert und analysiert haben, Auswirkungen auf Ihr eigenes Leben gehabt?

Beauvoir: Nein.

Schwarzer: Das überrascht mich. Sich seines Zustandes bewußt sein, verändert doch etwas. So ist es ja auch für Frauen, die ein Bewußtsein um ihre Situation bekommen. Es macht es einem manches leichter – weil man damit nicht mehr allein ist und es besser begreift – und manches schwerer: weil man es überdeutlich sieht.

Beauvoir: Nein, das ist für mich beim Alter wirklich nicht der Fall. Nichts geht über die gelebte Erfahrung. Ein theoretisches Buch darüber geschrieben zu haben entmutigt mich nicht, noch ermutigt es mich. Vielleicht erkenne ich bei anderen leichter gewisse Züge. Aber bei mir selbst? Vor zwei Jahren hatte ich einen so starken Rheumatismus, daß ich nicht aufstehen konnte, und ich weiß, daß ich nicht mehr so gut Treppen steigen, keine großen Wanderungen mehr in den Bergen machen kann. Gut. Aber dazu muß ich nicht *Das Alter* geschrieben haben, um zu erkennen, daß solche körperlichen Schwächen etwas damit zu tun haben.

Schwarzer: Eines der größten Altersdramen, die Armut, ist Ihnen erspart. Sie sind in vielen Punkten privilegiert ...

Beauvoir: ... so ist es ...

Schwarzer: ... und es gibt über die Biologie hinaus auch noch andere Altersprobleme, die Ihnen erspart bleiben. So zum Beispiel, glaube ich, die Einsamkeit ...

Beauvoir: Ja. Ganz und gar. Ich habe viele Freundschaften und sehr herzliche und innige Beziehungen mit einigen Menschen. Es sind nicht viele, weil ich das nicht will, denn ich will ja nicht nur nehmen, sondern auch geben können. Aber es sind doch so viele, daß ich eher zuwenig allein bin als zuviel. Selbst wenn zwei oder drei meiner liebsten Menschen gleichzeitig sterben würden, bliebe ich nicht allein. Nein, ich werde bis hin zu meinem Tod nie allein sein.

Schwarzer: Dabei ist Ihnen – unverheiratet und kinderlos – diese späte Einsamkeit doch oft prophezeit worden.

Beauvoir: Ja. Eine der vielen Prophezeiungen, die nie eingetroffen sind ...

Schwarzer: Neben Sartre ist der Mensch, der Ihnen heute am nächsten steht, Sylvie le Bon, eine fünfunddreißigjährige Studienrätin, mit der Sie seit vielen Jahren eine enge Freundschaft verbindet. Ist Sylvie eine Art Tochterersatz?

Beauvoir: Davon kann keine Rede sein!

Schwarzer: Wieso nicht?

Beauvoir: Die Mutter-Tochter-Beziehungen sind fast immer ganz mies. Es ist heute einfach nicht möglich: eine

Frau kann nicht die Mutterrolle spielen und gleichzeitig die Freundin ihrer Tochter sein. Das widerspricht sich nicht nur wegen der realen Abhängigkeit von Kindern, sondern auch wegen der großen Frustration, mit der die Mutterschaft heute verbunden ist: Einerseits zieht dies Aggression seitens der Mutter gegen das Kind nach sich, andererseits funktionieren diese Mütter ihre Kinder. Sie versuchen, sie stellvertretend für sich leben zu lassen. Außerdem hat ein Kind nicht Lust, ewig in derselben Gebärmutter hocken zu bleiben. Die Mutter-Tochter-Beziehungen, die ich so um mich herum sehe, sind allesamt sehr bedrückend.

Schwarzer: Und Ihre Beziehung mit Sylvie?

Beauvoir: Das ist etwas anderes. Wir haben uns kennengelernt, als wir beide schon erwachsene Menschen waren, haben uns freiwillig gewählt. Zwischen uns ist ein tiefes Verständnis gewachsen. Es ist richtig, daß ihre Jugend auch mich verjüngt, aber das war keine Berechnung, nicht darum sind wir Freundinnen geworden.

Schwarzer: Finden Sie, daß das Altern den Frauen schwerer gemacht wird als den Männern?

Beauvoir: Nein. Im Gegenteil. Denn die meisten Frauen, die können nicht tief runterfallen, da sie nie oben waren. Aber die Männer, die ja sich für wichtig halten, die glauben, sie hätten Macht und Verantwortung – und das ja oft auch haben –, wenn die altern, das ist schrecklich! Das ist ein richtiger Bruch. Gerontologinnen haben mir erzählt, die Männer in den Fünfzigern, die zu ihnen kommen, seien total gebrochen: Sie können nicht fassen, daß ihre Söhne sie entmachten. Eine Frau hingegen kann immer noch auf ihre Kosten kommen. Nicht daß ich meine, es ginge den Frauen heute gut. Aber es gibt in dieser Situation ein paar Möglichkeiten mehr zu entkommen. Frauen waren schon jung machtlos. Wenn sie dann im Alter nun plötzlich ihre entmachteten Männer erleben, dann drehen sie nicht selten den Spieß um. Zumindest in ihren eigenen vier Wänden. Und ich verstehe das sehr gut.

Schwarzer: Ist es nicht auch, weil die Männer ihr Leben lang in Konkurrenz- und Rivalitätsbeziehungen, das heißt im permanenten Kampf sind? Einmal angeschlagen, muß sie das natürlich doppelt treffen ...

Beauvoir: Genau. Sie haben ja auch nichts anderes. Frauen hingegen bleibt auch im Alter ihre Funktion im Haus. Sie kümmern sich um die Enkel, stricken, haben noch eine Aufgabe. Eine sehr beschränkte, wie ihr Leben lang, aber immerhin ... Das macht es Frauen möglich, das Alter besser durchzustehen. Für einen Mann hingegen ist das Ende des Berufslebens etwas Furchtbares – nur ist andererseits die materielle Misere bei Frauen größer. Und das ist das Schrecklichste.

Schwarzer: Sie selbst sind da eher in einer Männersituation, und dazu in einer sehr privilegierten. – Hat eigentlich die Tatsache, daß Sie berühmt sind, ja mehr noch: daß Sie mit Ihrem Werk und Ihrem Leben ganz entscheidend zur Bewußtwerdung und Emanzipation so vieler beigetragen haben und von Millionen Frauen geliebt und bewundert werden, hat diese Tatsache Auswirkungen auf Ihr privates Leben gehabt?

Beauvoir: Nein. Ich bin ja nur für die anderen Simone de Beauvoir. Für mich selbst ist das nicht begreifbar. Ich bekomme allerdings viele sympathisierende Briefe. Gleichzeitig aber kriege ich ab und zu eins reingewürgt von manchen jungen Feministinnen, die finden, daß Simone de Beauvoir ein Feminismus von gestern ist ...

Schwarzer: Da geht die antiautoritäre Saat auf, die unter anderem Sie und Sartre gesät haben ...

Beauvoir: So ist es. Ich finde das auch ganz normal. Es ist gut, Autoritäten in Frage zu stellen. Außerdem ist jetzt auch etwas anderes zu tun, als *Das andere Geschlecht* zu schreiben. Doch bleibt diese Analyse als theoretische Basis sehr gültig. Es wäre falsche Bescheidenheit von mir, nicht zu sehen, daß in diesem Bereich bisher nichts Besseres geschrieben wurde. Auch wenn einige der heutigen Feministinnen (wie zum Beispiel Firestone oder Millet) in konkreten Punkten darüber hinausgegangen sind, so gehen sie doch alle von der bereits im *Anderen Geschlecht* geleisteten Arbeit aus.

Emma, 1978

«Eine Wahl
gegen diese Welt»

Simone de Beauvoir über ihr Verhältnis
zu Parteien, Wahlen, Frauenparteien
und Friedensfrauen

Paris 1980

Simone de Beauvoir und Jean-Paul Sartre beim Verkauf
der verbotenen Zeitung *La Cause du Peuple*

Schwarzer: Als Feministinnen plädieren wir für die Autonomie der Frauenbewegung. Allerdings sollte das meiner Meinung nach nicht die Abstinenz von Frauen in gesellschaftlichen Machtbereichen nach sich ziehen. Was meinen Sie?

Beauvoir: Ich zögere ... Sicher, mit Macht kann man immer auch etwas erreichen. Nur – was? Eine Frau, die von der Macht ergriffen ist, wird gemeinhin den Männern ähnlich, wird eine Art Alibifrau, die in dieser Funktion das Geschäft der Männer um so wirkungsvoller und diskreter besorgt, wie zum Beispiel Françoise Giroud [Giscard d'Estaings ehemalige Staatssekretärin für Frauenfragen].

Schwarzer: Bittere Erfahrungen dieser Art machen wir ebenfalls in der Bundesrepublik. Deswegen stelle ich mir die Frage auch weniger auf der Ebene von Individuen, die einzeln in Machtbereiche vordringen, sondern mehr auf der Ebene von Gruppen-Bewegungen, die im politischen Bereich ein Machtfaktor werden könnten – ohne sich deswegen gleich zu integrieren. Zum Beispiel, indem sie Druck von außen ausüben.

Beauvoir: Ja, dann dürfen sie sich aber wirklich nicht auf die Spielregeln der Machthaber einlassen, wie Alibifrauen das tun.

Schwarzer: Und wie stehen Sie der Idee einer Frauenpartei gegenüber?

Beauvoir: Die finde ich schlicht absurd. Einmal, weil sie keine Chance und nur rein symbolischen Wert hätte. Zum anderen, weil Frausein nicht genügt. Ein weiblicher Präsident würde zu weiten Teilen genau das auch tun, was ein männlicher Präsident an seiner Stelle machen würde. Unter der Regierung von Frau Thatcher zum Beispiel ist ja auch nicht schlagartig die soziale Gerechtigkeit ausgebrochen ... Es kann also nicht um Karriere oder Macht an sich und um jeden Preis gehen.

Schwarzer: Dennoch scheint es wichtig, sich mit der Idee der Frauenpartei genau auseinanderzusetzen, denn viele Frauen versprechen sich etwas von diesem Weg.

Beauvoir: ... der ganz sicher eine Sackgasse ist! Außerdem, was heißt das schon: Frauenpartei? Wir wollen uns in der Politik schließlich nicht in das Getto der Frauenproblematik einsperren lassen, sondern über alles mitreden. Es geht ja nicht nur um die Frauenprobleme. Auch meine ich, daß man mit der schlichten Kopie des vorhandenen Systems – statt einer männerbeherrschten Partei macht man nun eine Partei, in der Frauen die Macht haben – sich zu sehr an die existierenden Spielregeln hält. Und die existierenden Spielregeln sind immer die der Machthaber. Wir müssen die Maschinerie der Macht bremsen, statt sie auch noch zu ölen. Wir müssen in allen Bereichen gegen die Ausbeutung von Frauen kämpfen und dürfen uns nicht mit einer Partei zufriedengeben. Da ist zum Beispiel die Hausarbeit. Diese ökonomisch unsichtbare Arbeit, für die Frauen noch nicht einmal bezahlt werden. Wenn es eine

Revolte gegen diese Art von Arbeit gäbe, das wäre ausgezeichnet! Oder auch gegen die Lohnungleichheit! Gleichzeitig müssen wir die Festlegung von Frauen auf die Rolle als Hausfrau und Mutter bekämpfen, dagegen, daß Frauen sich vor allem dafür aufopfern.

Schwarzer: Nun stehen in der Bundesrepublik wie in Frankreich Wahlen vor der Tür. Sollten wir Feministinnen uns da wieder einmal so verhalten, wie wir es in den ganzen letzten Jahren immer getan haben? Nämlich indem wir im allerletzten Augenblick, ein paar Wochen vor dem Gang zur Urne, aufwachen und schnell noch ein paar mehr oder weniger hilflose, ganz sicherlich aber wirkungslose Polemiken loslassen? Oder sollten wir diese Situation nicht nutzen, um Probleme öffentlich zu machen, im parteipolitischen Gerangel ein nicht zu vernachlässigender Machtfaktor zu sein und ebendiesen Parteien, die ja um unsere Stimmen buhlen müssen, zumindest ein paar kleine Zugeständnisse abzutrotzen?

Beauvoir: Warum nicht. Nur darf sich das nicht darin erschöpfen, Parteien und Kandidaten nach ihren Absichten abzufragen. Denn genau damit spielt man ihr Spiel. Diese Herren können, wie man aus Erfahrung weiß, heute sehr gut etwas versprechen, was sie morgen nicht halten. Außerdem: sollte man eine Partei wählen, nur weil sie in diesem oder jenem Punkt etwas verspricht? Diese Art Kuhhandel ist mir zuwider. Ihnen nicht?

Schwarzer: Ich überlege... Prinzipiell finde ich Ihre konsequente Rigorosität richtig. Nur gibt es Momente, in denen ich es taktisch für nicht ungeschickt hielte zu sagen: gebt ihr uns das, geben wir euch das. Man muß dann eben nur gleichzeitig klarmachen, daß man einer Partei deswegen noch lange keinen Blankoscheck ausstellt.

Beauvoir: Ich halte das für gefährlich. Andererseits ... ich selbst habe mich in meinem Leben oft genug ebenso verhalten, habe gegen meine tiefe Überzeugung gewählt – einfach weil ich mir ein kleines Stückchen Verbesserung erhofft habe. So wäre mir zum Beispiel bei den letzten Wahlen alles lieber gewesen als Giscard. Die Volksfront zum Beispiel. Gleichzeitig aber habe ich einen solchen Horror vor der französischen Kommunistischen Partei, deren Moskau-Hörigkeit mich abstößt ... Bleiben also die Sozialisten, die wären vielleicht das kleinere Übel. Bei ihnen sind auch einige Frauen, die sich wahrscheinlich für unsere Sache einsetzen würden. Vor allem aber würden sich die Sozialisten vermutlich immerhin verpflichtet fühlen, die Interessen der Arbeiter und aller Benachteiligten ein wenig besser zu vertreten.

Das allerdings sage ich nicht als Feministin. Wir Frauen haben von denen auch nicht mehr zu erwarten. Das sage ich lediglich im Namen eines gewissen allgemeinen Humanismus ...

Schwarzer: Vom «kleineren Übel» ist bei uns auch viel die Rede im Zusammenhang mit den sogenannten Sozialisten ...

Beauvoir: ... bei uns sind das auch nicht mehr als sogenannte Sozialisten ...

Schwarzer: Na ja, aber immerhin ein Stück mehr als die SPD, die in weiten Teilen eher dem linken und mittleren Flügel der Gaullisten vergleichbar ist als den französischen Sozialisten ... Doch genau diese allgemeinen humanitären

Überlegungen reißen uns immer wieder rein! Genau darauf verläßt sich auch unser «kleineres Übel», die SPD! Finden Sie Schein-Alternativen – hie Passivität und da Resignation in das sogenannte kleinere Übel – nicht auch höchst unbefriedigend?

Beauvoir: Ja. Nur – ich sehe nicht recht, wie wir das ändern könnten. Wir müßten eine offensive Strategie entwickeln, um das zu durchbrechen. Und zwar von außen! Da scheint mir der einzig mögliche Weg der Wahlboykott. Nur brauchen wir dazu eine breite politische Bewegung. Wenn die Nichtwahl nicht einer Demission gleichkommen soll.

Beim Wahlboykott darf man nicht passiv bleiben, sondern muß aktiv werden. Man muß sagen, warum man diese Parteien und das parlamentarische Prinzip in Frage stellt. Man darf nicht zu Hause hocken bleiben. Man muß zur Wahlurne gehen und «ungültig» oder «nein» wählen. Nur so könnte man die Gefahr vermeiden, daß der Wahlboykott ein Bumerang wird, der letztlich doch nur den Rechten nutzt. Gerade ein Boykott müßte eine ganz bewußte Wahl sein: eine Wahl gegen diese Welt, wie sie ist! Eine Wahl gegen die Stellvertreter-Politik der bestehenden Systeme! Eine Wahl gegen die totale Ignorierung von Frauen und ihren Interessen!

Schwarzer: Wie haben Sie persönlich das eigentlich in Ihrem Leben von Fall zu Fall gehalten? Ihre Einstellung den Parteien gegenüber war doch nicht immer so kritisch? Anfang der fünfziger Jahre haben Sie die Kommunistische Partei gewählt, und vor dem Zweiten Weltkrieg waren Sie doch eigentlich ziemlich unpolitisch, oder?

Beauvoir: Ganz so kann man es nicht sagen. Ich war vor dem Krieg nicht aktiv, interessierte mich aber sehr für die Politik. Über den Sieg der Volksfront waren Sartre und ich 1936 begeistert. Aber bei deren Demonstrationen waren wir Zuschauer, nicht Akteure. Sicher, wir gaben zum Beispiel Geld für die Streikenden, unser Herz schlug links. Aber dabei beließen wir es. Wir hatten keine Taktik. Und was die Wahlen angeht – ich hatte ja als Frau noch nicht einmal das Recht zu wählen [die Französinnen bekamen das Wahlrecht erst nach dem Zweiten Weltkrieg]. Und Sartre, der wählte aus Überzeugung nicht. Wahlen widern ihn an.

Schwarzer: Und nach dem Zweiten Weltkrieg?

Beauvoir: Mal habe ich die Kommunistische Partei gewählt. Und dann habe ich mich sehr engagiert in bestimmten politischen Kampagnen: gegen den Kolonialkrieg, gegen den Indochina-Krieg, gegen den algerischen Krieg (der ja nie offen so genannt wurde) – aber genau den Protest konnte man bei Wahlen nicht zum Ausdruck bringen, denn in diesen entscheidenden Punkten verrieten uns alle Parteien. Nehmen Sie nur Algerien – das wurde ja von den Sozialisten ebenso verraten wie von den Kommunisten. Gegen den Algerien-Krieg mußten wir von außen kämpfen, in der Marginalität, im Untergrund. Und so von außen müssen Frauen wohl auch kämpfen, da, wo sie wirklich Fundamentales ändern wollen.

Schwarzer: Womit wir wieder bei der Frage angekommen wären: Wie stellen wir's an!

Beauvoir: Genau. Die Entscheidung fällt uns vielleicht auch deshalb so schwer, weil natürlich einige kleine Schritte durchaus möglicher sind, wenn statt der Konservativen zum Beispiel Sozialisten am Ruder sind.

Schwarzer: Da stehen sich hie die großen Prinzipien und da unser kleiner Alltag im Weg ...

Beauvoir: ... und genau darum gerate ich auch selbst immer wieder ins Schwanken. Wenn ich zum Beispiel bedenke, daß unter gewissen Regimen Renten und Mindestlöhne ein wenig erhöht würden, Arbeitnehmer und Gewerkschaften ein wenig mehr Rechte hätten et cetera, et cetera – dann ziehe auch ich dieses Regime einem anderen vor. Und das trotz meiner sehr grundsätzlichen Bedenken und sehr prinzipiellen Kritik an der parlamentarischen Demokratie, die eben keine ist – was ja schon allein an der quasi totalen Abwesenheit von Frauen in den Parlamenten und Regierungen abzulesen ist.

Schwarzer: Da wären wir also wieder beim Kuhhandel. Mir scheint es übrigens schon ein Fortschritt für viele Frauen und Bürger generell, wenn sie den Kuhhandel überhaupt als solchen erkennen! Das heißt, wenn wir Parteien endlich keine Blankoschecks mehr geben, sondern ihnen genau auf die Finger sehen. Eine solche Tendenz der Parteienmüdigkeit zeichnet sich in den letzten Jahren ja ab. Genau in dieser Phase allerdings gilt es, Entscheidendes zu leisten: nämlich wirksame Formen des Protestes zu finden, um manipulierbare Resignation zu verhindern. Und die Gefahren der Manipulationen sind groß. Das sieht man ja auch an der sogenannten «neuen Weiblichkeit», die die Emanzipation der Frauen eher behindert als vorantreibt.

Beauvoir: Das sehe ich genauso. Zur Zeit kann man leider eher von einem Rückschritt reden als von einem Fortschritt. Hier in Frankreich liegt das vor allem daran, daß die Regierung geschickt genug ist, einen Teil der Frauenforderungen zu vereinnahmen. So gibt es heute Frauen an den ihnen bisher verschlossenen Eliteschulen, es gibt jetzt sogar eine Frau in der Académie Française – man gibt uns die Illusion, eine Frau könnte heute alles erreichen, und es sei ihr Fehler, wenn sie es nicht schafft.

All das geht Hand in Hand mit dieser sogenannten neuen Weiblichkeit, mit der Wiederaufwertung traditioneller weiblicher Werte wie: die Frau und ihre Naturverbundenheit, die Frau und ihre Mütterlichkeit, die Frau und ihre Körperlichkeit (manche gehen ja sogar so weit zu sagen: «Frauen schreiben mit der Gebärmutter») et cetera, et cetera. Diese erneute Festnagelung von Frauen auf ihre traditionelle Rolle, gekoppelt mit einer wohldosierten Erfüllung gewisser Frauenforderungen – das ist das Rezept, mit dem man versucht, Frauen still zu halten. Eine, wie man an den traurigen Resultaten sieht, leider recht erfolgreiche Taktik. Selbst Frauen, die sich Feministinnen nennen, durchschauen das nicht immer. Da werden Frauen erneut auf ihre «Andersartigkeit» festgelegt, erneut zum «anderen Geschlecht» gemacht.

Schwarzer: Genau das scheint mir übrigens auch der Hintergrund zu sein, vor dem sich die neuen Frauenfriedensbewegungen bilden. Meist mit den besten Absichten, klar, denn welcher anständige Mensch ist nicht für den Frieden? Nur – Frauen und Frieden, das ist ein altes Lied, das uns doch wohl vor allem Friedfertigkeit suggerieren soll.

Beauvoir: Warum sollten Frauen mehr für den Frieden sein als Männer? Ich meine, das geht beide gleich an! Zum anderen: Wer kann heute noch ernsthaft glauben, daß man mit Petitionen und Kongressen wirklich etwas für den Frieden tun kann? Das ist das reinste Blabla. Um den Frieden zu erhalten oder zu erlangen, muß man um ihn kämpfen. Und zwar da kämpfen, wo auch über Krieg und Frieden entschieden wird! Das von Frauen so bereitwillig übernommene Argument «Wir wollen kein Kanonenfutter mehr liefern» meint ja auch Frauen nur als Mütter. Als Mütter sollen wir also für den Frieden sein. Ähnlich ist die Argumentation bei den Grünen.

Mich irritiert diese Gleichsetzung von Ökologie und Feminismus. Das ist doch ganz und gar nicht automatisch dasselbe.

Schwarzer: Auch hier spielt übrigens wieder die sexistische Definition rein von Frauen als Wesen, die der Natur näher seien als Männer ...

Beauvoir: So ist es. Mit diesen Dingen versucht man, Frauen vom Emanzipationskampf abzulenken und ihre Energien auf Nebenschauplätze zu kanalisieren.

Schwarzer: Simone, was werden Sie selbst bei den bevorstehenden französischen Wahlen tun?

Beauvoir: Ich? Ich wähle nicht.

Emma, 1980

«Frausein genügt nicht»

Simone de Beauvoir über Liebe
und Politik – eine Bilanz

Paris 1982

Simone de Beauvoir heute

Alice: *Die Zeremonie des Abschieds* erscheint jetzt auf deutsch. Die Veröffentlichung der Briefe Sartres, die Sie zur Zeit in Frankreich vorbereiten, wird folgen. Reden wir also von Ihrer Beziehung zu Sartre: diese Beziehung, die für mehrere Generationen *das* Modell einer Liebesbeziehung in Freiheit war – und vielleicht immer noch ist. Was wird man in diesen zwei Büchern Neues erfahren, Neues über ihn und Sie beide?

Simone: Daß es eine sehr zärtliche und gleichzeitig sehr heitere Beziehung war. Und eine sehr vertrauensvolle Beziehung, intellektuell wie gefühlsmäßig. Das zeigen die Briefe, die Sartre mir schrieb, als er Kriegsgefangener war (unter sehr, sehr günstigen Bedingungen, er hatte sogar einen Schreibtisch). Er hatte einen Prolog zu *Zeit der Reife* geschrieben, der ihm sehr am Herzen lag. Nach meiner Kritik hat er ihn ganz und gar zerrissen, ja, sich sogar ganz davon distanziert. Kurzum, man sieht in den Briefen auch den Einfluß, den ich als Kritiker auf ihn hatte, so wie er als Kritiker auf mich. Die Inspiration war eine persönliche Sache für jeden von uns, aber bei der darauffolgenden Umsetzung war jeder außerordentlich empfänglich für die Kritik des anderen. Man sieht auch in diesen Briefen, daß er in bezug auf sein Gefühlsleben ein totales Vertrauen in mich hatte, denn er erzählte mir all seine Geschichten, selbst die Details. Zum Beispiel seine Geschichte mit Wanda: Über alles, was er empfand, hielt er mich Tag für Tag auf dem laufenden, über seine Krisen und Leidenschaften ...

Alice: ... tat das nicht weh?

Simone: Nein. Wir hatten ein vollständiges gegenseitiges Vertrauen ineinander. Jeder wußte, daß der andere der wichtigste Mensch in seinem Leben ist – was auch immer kommen mag.

Alice: Daran haben Sie nie gezweifelt?

Simone: Einmal. Ich erzähle das in meinen Memoiren. Eine Minute lang habe ich gezögert, weil ich die andere nicht kannte ... Das war Dolores, die ich in meinen Memoiren M. nenne, in Amerika, 1944/45. Es war die Zeit der großen Ausgelassenheit nach dem Krieg. Er sprach mit so viel Freundschaft und Respekt von ihr, daß ich mich einen Moment lang gefragt habe: Ist sie ihm etwa näher als ich? Ich habe ihm die Frage gestellt, und er hat mir geantwortet: Sie sind es, mit der ich zusammen bin!

Alice: Und dieser Vorzugsplatz ist weder von ihm noch von Ihnen jemals in Frage gestellt worden?

Simone: Nein, niemals. Vielleicht, weil Sartre sehr stolz war und ganz sicher, daß kein anderer Mann für ihn jemals zur ernsthaften Konkurrenz werden würde ...

Alice: Spätestens bei der Lektüre von *Die Zeremonie des Abschieds* begreift man, daß Sexualität, genauer: der sexuelle Akt, für Sartre keine große Bedeutung hatte. Ich vermute, daß Ihre Beziehung schon darum nie sehr stark auf Sexualität gebaut war. War das eine Chance? Schloß es zumindest die körperliche Eifersucht aus? Und die schmerzliche Neuorientierung, sobald die sexuelle Anziehung nachläßt?

Simone: Vielleicht … Hinzu kam, daß wir auch intellektuell viel zu selbstbewußt waren, um zu befürchten, daß eine andere Person wichtiger werden könnte. In der Tat interessierte der sexuelle Akt im engeren Sinne Sartre nicht sonderlich, er streichelte gern. Ich hingegen war sehr leidenschaftlich! Für mich war die Sexualität mit Sartre in den ersten zwei, drei Jahren sehr, sehr wichtig, da ich die Sexualität ja mit ihm entdeckte. Später ließ es zwischen uns nach, weil es eben auch für Sartre nicht die Bedeutung hatte. Obwohl wir noch fünfzehn oder zwanzig Jahre lang auch sexuelle Kontakte hatten, spielte die Sexualität in unserer Beziehung in der Tat keine so große Rolle.

Alice: Das Wesentliche zwischen Ihnen war, denke ich, Ihre intellektuelle Beziehung. Was sagen Sie zu der weitverbreiteten Version, daß Sie «die große Sartreuse», die «erste Schülerin Sartres» seien?

Simone: Ich denke, daß das falsch ist. Ganz und gar falsch! Sicher, in der Philosophie war er schöpferischer als ich. Seine Überlegenheit in dieser Domäne habe ich immer anerkannt. Was also die Philosophie Sartres angeht, da war ich seine Anhängerin, denn ich habe den Existentialismus ja auch zu meiner Sache gemacht. Wir haben allerdings immer sehr viel gemeinsam darüber diskutiert, so manches zusammen erarbeitet. In der Entstehungszeit von *Das Sein und das Nichts* zum Beispiel war ich gegen einige seiner Ideen. So manches Mal hat er dann auch seinen Weg leicht korrigiert.

Alice: Zum Beispiel?

Simone: Eben in *Das Sein und das Nichts*. Er sprach da in einer ersten Fassung von der Freiheit, als wäre sie für alle Menschen quasi total. Oder als sei es zumindest immer möglich, seine Freiheit zu leben. Ich hingegen bestand auf der Tatsache, daß es Situationen gibt, in denen die Freiheit nicht gelebt werden kann oder nur eine Mystifikation ist. Das hat er angenommen. Er hat der Situation, in der der Mensch sich befindet, später eine große Bedeutung zugemessen.

Alice: Das war Anfang der vierziger Jahre – also vor Ihrer beider Begegnung mit dem Marxismus ...?

Simone: Ja.

Alice: Und was taten Sie in der Zeit?

Simone: Ich war unabhängig von Sartre, da ich meine eigenen Bücher, meine eigenen Romane schrieb. Ich hatte auf die Literatur gesetzt. Selbst *Das andere Geschlecht*, das ja einen philosophischen Hintergrund hat, den Sartreschen Existentialismus, war dennoch ausschließlich die Kreation *meiner* Vision von Frauen. So hatte *ich* es empfunden.

Alice: Wie erklären Sie sich, daß Sie selbst mit jemandem wie Sartre – der menschlich und intellektuell sehr anziehend war – nicht in die Falle gegangen sind, «seine Frau» sein zu wollen? Daß Sie eben nicht zum relativen Wesen, zur «Frau an seiner Seite» degradierten? Was scheint Ihnen in Ihrem Leben ausschlaggebend dafür, daß Sie eine der wenigen Frauen sind, die es schafften, autonom zu existieren?

Simone: Die Prägungen meiner ersten Lebensjahre. Daß ich immer schon meinen eigenen Beruf haben wollte! Daß ich immer schon schreiben wollte, lange bevor ich Sartre kannte! Daß ich Träume hatte, keine Phantasien, sehr kühne Träume, Wünsche, die längst vor der Begegnung mit Sartre feststanden! Zum Glücklichsein war ich es mir also schuldig, mein Leben zu erfüllen. Und Erfüllung war für mich in erster Linie die Arbeit.

Alice: Und Sartres Haltung dazu?

Simone: Er vor allem war es, der mich dazu ermunterte. Nach meiner Promotion, ich hatte sehr viel gearbeitet, hatte ich Lust, mich ein wenig fallen zu lassen, ins Glück, in Sartres Liebe ... Da war er es, der mir gesagt hat: Aber Castor, warum denken Sie nicht mehr! Warum arbeiten Sie nicht mehr! Sie wollten doch schreiben! Sie wollen doch wohl keine Hausfrau werden, oder ...?! Er hat sehr darauf bestanden, daß ich meine Autonomie erhalte und schaffe, vor allem durch das Schreiben.

Alice: Das war wohl gegenseitig. Ohne die Begegnung mit Ihnen hätte Sartre sich vermutlich in sehr klassischen Liebesstrukturen wiedergefunden ...

Simone: Ein verheirateter Sartre? Das hätte ihm ganz sicherlich gestunken. Aber es stimmt, man hätte ihn leicht in die Enge treiben können. Das schlechte Gewissen ... Aber er pflegte sich dann auch schnell wieder davon zu befreien.

Alice: Kennen Sie das, das bei Frauen so weitverbreitete schlechte Gewissen, diese Schuldgefühle?

Simone: Nein, ich hatte noch nie ein schlechtes Gewissen in diesem Sinne. Manchmal Gewissensbisse, wenn ich Freundschaften auf brutale Art beendete. Darauf war ich nicht immer gerade stolz. Aber alles in allem hatte ich immer ein gutes Gewissen – das ist manchmal fast ein Unbewußtsein, denke ich.

Alice: Sie sind, glaube ich, ganz allgemein ein Mensch, der sich nicht so gern den Kopf über sich selber zerbricht ...

Simone: Das stimmt. Meine Analysen wende ich nicht allzusehr auf mich selbst an. Das ist mir fremd.

Alice: Genet hat einmal von Ihnen beiden gesagt, in Ihrer Beziehung seien Sie der Mann und Sartre sei die Frau. Was meinte er damit?

Simone: Er wollte damit sagen, daß Sartre seiner Meinung nach eine reichere Sensibilität hatte als ich, eine Sensibilität, die man also «weiblich» nennen könnte. Ich hingegen hätte viel schroffere Verhaltensweisen. Aber das hatte auch viel mit Genets Beziehung zu Frauen zu tun, die er nicht gerade sehr liebt ...

Alice: Aber es ist ja was dran. Sie können ein wahrer Maulesel sein – das sagen Sie ja auch selbst. Ihre Energie und Ihre scharfe Intelligenz, Ihre Heftigkeit und auch die Eisigkeit, mit der Sie Situationen und Menschen begegnen können, die Sie nicht mögen ... Da ist nichts von einer «weiblichen» Verbindlichkeit. Sie sind ein sehr absoluter Mensch.

Simone: Das stimmt.

Alice: Ich kenne nicht wenige Fälle, in denen Frauen, die sich eine solch unverhüllte Energie und Intelligenz erlauben, dafür sozusagen bestraft werden. Die Umwelt läßt sie spüren: Du bist «so gut wie ein Mann»? Dann bist du «als Frau» nicht begehrenswert! – Kennen Sie das?

Simone: Nein.

Alice: Sie sind also niemals in die Versuchung gekommen,

zur Kompensation Ihrer «männlichen» Züge die «kleine Frau» zu spielen?

Simone: O nein, nie! Ich arbeitete, und ich hatte Sartre. Und die Dinge kamen, wie sie kamen, ich rannte ihnen nicht nach. Das heißt, als ich mich in Amerika in Algren verliebte – in diesem fremden Land, mit seinem Charme, mit all den Qualitäten, die er hatte –, da habe ich nicht viel anstellen, mich nicht verstellen müssen! Er war auch in mich verliebt.

Alice: War erotisches Begehren für Sie immer mit Gefühlen verknüpft?

Simone: Ich glaube, ja. Übrigens: ich begehrte keinen Mann, wenn ich nicht auch begehrt wurde. Es war immer eher das Begehren des anderen, das mich mitriß.

Alice: Ganz schön vorsichtig...

Simone: Ja. Vielleicht hatte ich manchmal andere Phantasien ... Aber in der Realität gab es keinen Mann, der mich berührt hätte, bevor uns nicht schon eine große Freundschaft verband.

Alice: Keine raschen Begierden? Keine kurzen Nächte, die mit irgend jemandem befriedigt wurden, egal mit wem?

Simone: O nein, das nie! Das ist mir ganz, ganz fern. Vielleicht ist es puritanisch, vielleicht das Ergebnis meiner Erziehung. Aber wie auch immer: Es ist nie, nie passiert! Nicht einmal dann, wenn ich nichts laufen hatte, also eine Zeitlang ohne Sexualität war. Dennoch hätte ich niemals daran gedacht, mir einfach einen Mann zu suchen...

Alice: Ist diese Zurückhaltung «weiblich» ...?

Simone: Ich weiß es nicht.

Alice: Wenn Sie von Ihrer Sexualität sprechen, sprechen

Sie immer nur von Männern. Haben Sie niemals Sexualität mit einer Frau gelebt?

Simone: Nein. Ich hatte immer zwar wichtige Freundschaften mit Frauen, sehr zärtliche, manchmal auch körperlich zärtlich. Aber daraus ist nie eine erotische Leidenschaft geworden.

Alice: Und warum nicht?

Simone: Das hat sicherlich mit meiner Konditionierung durch die Erziehung zu tun. Ich meine damit die gesamte Erziehung, nicht nur die häusliche, all die Lektüren und Einflüsse, die mich als Kind prägten und die mich in die Heterosexualität gestoßen haben.

Alice: Wollen Sie damit sagen, daß Sie die Homosexualität konkret nie gelebt haben, sie aber theoretisch voll akzeptieren, auch für sich selbst?

Simone: Ja, ganz und gar. Frauen sollten sich nicht länger ausschließlich auf das Begehren der Männer hin konditionieren lassen. Und überhaupt denke ich, daß schon heute jede Frau ein bißchen ... ein bißchen homosexuell ist. Ganz einfach, weil Frauen begehrenswerter sind als Männer.

Alice: Wie das?

Simone: Weil sie schöner sind, weicher, ihre Haut ist angenehmer. Und sie haben gemeinhin auch mehr Charme. So ist es bei einem ganz normalen Ehepaar sehr häufig der Fall, daß die Frau angenehmer ist, lebendiger, anziehender, amüsanter, selbst intellektuell.

Alice: Man könnte sagen, das sei ein bißchen sexistisch oder männerfeindlich, was Sie da sagen ...

Simone: Nein. Denn das hat natürlich auch etwas mit der

unterschiedlichen Konditionierung und Realität der Geschlechter zu tun. Es ist einfach eine Tatsache, daß Männer heute oft diese ein wenig lächerlichen Züge haben, die auch Sartre so langweilten. Sie sind so abgehoben, so unlebendig, sie theoretisieren gern so wichtigtuerisch.

Alice: Stimmt. Aber ich finde, Frauen haben auch so ihre Fehler. Und neuerdings sind sie sogar wieder stolz darauf. In Deutschland zum Beispiel, und nicht nur da, haben wir es mit einer Renaissance der «Weiblichkeit» zu tun, der sogenannten «neuen Weiblichkeit» (die natürlich in Wahrheit eine uralte ist): Gefühle statt Intellekt, «natürliche» Friedfertigkeit statt Entschlossenheit zur Auseinandersetzung, Mystifizierung der Mutterschaft statt Befreiung vom Zwang zur «Mütterlichkeit» und so weiter, und so fort. Sie waren es, die in *Das andere Geschlecht* zwanzig Jahre vor Beginn der neuen Frauenbewegung das Credo des neuen Feminismus formulierte: «Man kommt nicht als Frau zur Welt, man wird es.» Was sagen Sie nun zu dieser Rückkehr gewisser Frauen zur «Natur der Frau»?

Simone: Ich denke, daß das ganz einfach eine Rückkehr in die Versklavung der Frauen ist! Die Mutterschaft ist schließlich immer noch die geschickteste Art, Frauen zu Sklaven zu machen. Damit will ich nicht sagen, jede Frau, die Mutter ist, sei damit automatisch auch Sklavin – es kann Lebensbedingungen geben, unter denen die Mutterschaft nicht diesen Preis kostet. Solange es als Hauptaufgabe der Frau gilt, Kinder zu bekommen, wird sie sich eben kaum um Politik oder Technologie kümmern, und: sie wird den Männern nicht ihre Überlegenheit streitig machen. Eine erneute Verklärung von «Mutterschaft» und «Weiblichkeit» ist der Versuch, die Frauen auf das Niveau von vorher zurückzudrängen.

Alice: Und das ist im Moment einer weltweiten ökonomischen Krise für die Männerwelt doppelt praktisch: es bindet Frauen wieder fester an die gratis geleisteten, häuslichen «weiblichen Pflichten» und macht gleichzeitig bezahlte Arbeitsplätze für Männer frei.

Simone: Genau. Da man den Frauen schlecht sagen kann, es sei eine heilige Aufgabe, Töpfe zu spülen, sagt man ihnen: Es ist eine heilige Aufgabe, Kinder zu erziehen. Aber Kinder großziehen, das hat, so wie die Welt heute ist, eben sehr viel mit dem Töpfe-Spülen zu tun. Auf die Art treibt man die Frauen zurück in die Lage eines relativen Wesens, eines zweitklassigen Menschen.

Alice: Woran liegt dieser neue Weiblichkeitswahn? Hat auch der Feminismus zum Teil versagt?

Simone: Ich denke, daß der Feminismus in der Tat bisher nur eine kleine Anzahl der Frauen wirklich tiefgreifend erreicht hat. Gewisse feministische Aktionen haben viele Frauen erreicht, so zum Beispiel der Kampf für das Recht auf Abtreibung. Aber da der Feminismus für viele Leute jetzt eine gewisse Gefahr zu sein scheint – wegen der Arbeitslosigkeit und der Infragestellung männlicher Privilegien –, reagiert man auf den Feminismus, indem man das, was ganz tief in vielen Frauen steckt, wieder hervorholt: Die meisten sind eben doch Weibchen geblieben ... Man gibt der Weiblichkeit einfach wieder einen gewissen ideologischen Wert und versucht so, das vom Feminismus angekratzte Bild der «normalen Frau» wiederzufinden: relativ, bescheiden und all das. Diesem Bild, das vom Feminismus immerhin zerstört wurde, wird jetzt nachgeweint.

Alice: Fragen an Sie als Existentialistin und Marxistin: Wie steht es unter den gegebenen Umständen mit der Freiheit der Frauen? Wo sehen Sie heute noch Raum zum Handeln? Und wo sind die Grenzen, an die wir zwangsläufig stoßen müssen? Auf welchem Weg, mit welcher Strategie könnten Frauen diesen Teufelskreis der «Weiblichkeit», in dem sie sich befinden, überhaupt durchbrechen? Und sind wir Feministinnen da Ihrer Meinung nach bisher den richtigen Weg gegangen?

Simone: Schwer zu sagen. Es ist schon gut, überhaupt etwas getan zu haben. Und die Umstände sind alles andere als günstig ... Aber es ist ja wahr, daß in dieser Bewegung schon sehr früh auch Dinge steckten, die nicht sehr gut waren. Zum Beispiel die Entschlossenheit gewisser Frauen, einfach alles, was von den Männern kam, abzulehnen. Nur nichts so machen zu wollen wie die Männer: sich nicht organisieren, keinen Beruf haben, nicht schöpferisch tätig sein, nicht handeln. Ich war immer der Meinung, daß man als Frau das Instrumentarium, das die Männer in Händen halten, einfach nehmen, sich seiner bedienen muß. Ich weiß, daß es da unter den Feministinnen eine Spaltung gibt: Sollen Frauen immer mehr Stellen einnehmen und mit den Männern in Wettstreit treten? Wenn sie das tun, werden sie ohne Zweifel gewisse Qualitäten der Männer ebenso übernehmen wie gewisse Fehler. Oder sollen Frauen sich im Gegenteil all dem ganz und gar verweigern? Im ersten Fall hätten sie mehr Macht, im zweiten verharren sie in der Ohnmacht. Sicher, wenn der Griff der

114

Frauen zur Macht nichts anderes bringt als nur eine Machtausübung nach demselben Muster wie vorher unter den Männern ... so verändert man die Gesellschaft nicht. Und die wahre Perspektive von Feministinnen kann meiner Meinung nach nur die Veränderung der gesamten Gesellschaft und damit auch die Veränderung des Platzes von Frauen in der Gesellschaft sein.

Alice: Sie selbst haben, was Ihre Arbeit angeht, den ersten Weg gewählt: Sie haben so schöpferisch geschrieben und so frei gelebt «wie ein Mann». Gleichzeitig haben Sie versucht, diese Welt zu verändern ...

Simone: Ja. Und ich glaube, daß eine solche Doppelstrategie der einzige Weg ist. Wir Frauen dürfen nicht zögern, nach den sogenannten männlichen Qualitäten zu greifen! Viele davon sind ganz einfach menschliche Qualitäten, die auch uns Frauen zustehen! Wir müssen die Einmischung in diese Männerwelt, die weitgehend eben auch ganz einfach die Welt an sich ist, riskieren! Sicher, auf diesem Weg läuft eine Frau Gefahr, andere Frauen und den Feminismus zu verraten. Sie glaubt, sie sei entkommen ... Aber auf dem anderen Weg läuft sie Gefahr, in der «Weiblichkeit» zu ersticken.

Alice: Auf dem einen wie auf dem anderen Weg sind Frauen oft zurückgestoßen und erniedrigt worden.

Simone: Mein Glück ist, daß ich nie erniedrigt wurde. Ich habe unter der Tatsache, Frau zu sein, kaum gelitten. Wenn mich auch – ich sagte das schon im Vorwort zum *Anderen Geschlecht* – Dinge wie die Tatsache, daß die Leute mir immer wieder sagten: «Sie denken das, weil Sie eine Frau sind», sehr ärgerten. Ich antwortete dann einfach: Das ist wirklich lächerlich – denken Sie dieses und jenes, weil Sie ein Mann sind?

Alice: Allgemein aber gerade auch in bezug auf die Literatur gibt es heute unter Feministinnen auch die Kontroverse: Soll man die Quantität oder die Qualität fördern? Das heißt: soll man Frauen ebenso streng messen und kritisieren wie Männer? Oder soll man im Gegenteil zufrieden darüber sein, daß sie überhaupt schreiben, und sie zunächst einmal relativ kritiklos gewähren lassen?

Simone: Ich glaube, daß man den Frauen auch nein sagen muß. Nein, so geht es nicht! Schreibt etwas anderes, versucht, besser zu sein! Seid anspruchsvoller mit euch selbst! Frausein genügt nicht. Die mir zugeschickten Manuskripte sind sehr oft Manuskripte von Frauen, die hoffen, daß ihre Texte gedruckt würden. Es sind Hausfrauen, 40 oder 50 Jahre alt, ohne Beruf, die Kinder sind aus dem Haus, sie haben Zeit. Viele Frauen fangen dann einfach so an zu schreiben. Meistens ihre Lebensgeschichte, fast immer mit einer unglücklichen Kindheit. Und sie glauben, das sei interessant ... Die Dinge aufschreiben, das kann eine wichtige Funktion für ihre seelische Verfassung haben, aber es muß ja deswegen nicht auch noch unbedingt gedruckt werden. Nein, ich glaube, Frauen müssen sehr fordernd mit sich selbst werden!

Alice: Hat die Existenz der neuen Frauenbewegung auch direkte Auswirkungen auf Ihr eigenes Leben gehabt?

Simone: Sie hat mich sensibler für die Details werden lassen, für diesen alltäglichen Sexismus, den man sonst nicht wahrnimmt, weil er dermaßen «normal» ist. Seit Jahren schreiben Pariser Feministinnen für die *Temps Modernes*

Texte über den «alltäglichen Sexismus», über diese Tatzenschläge mit Samtpfoten, die ich früher nicht gespürt habe.

Alice: Vor der Existenz der Frauenbewegung sagten Sie «sie», wenn Sie von den Frauen sprachen. Heute sagen Sie «wir».

Simone: Dieses Wir ist für mich nicht ein «wir Frauen», sondern ein «wir Feministinnen».

Alice: Der Begriff «Feminismus» ist inzwischen eine reichlich inflationäre Münze geworden. Heute gibt es zum Beispiel in der breiten bundesrepublikanischen Friedensbewegung Frauen, die unter dem Etikett Feminismus für den Frieden kämpfen: als «Frauen und Mütter, die die Welt von morgen für die Kinder retten wollen», oder als «Frauen, die dem Leben von Natur aus näher sind», oder als «Frauen, die von Natur aus friedlicher sind als Männer» – Männer, die angeblich «von Natur aus destruktiv sind»...

Simone: Das ist absurd! Absurd, weil Frauen den Frieden als Menschen fordern müssen und nicht als Frauen. Die Argumentation «als Mütter» ist völlig unsinnig, schließlich sind die Männer auch Väter. Außerdem haben Frauen sich bisher eher viel zuviel an die Kinder, an ihre Gebärfähigkeit und ihre «Mütterlichkeit» geklammert. Mit dieser Weiblichkeitsideologie dürfen sie nun nicht auch noch selbst hausieren gehen. Die Friedensfrauen könnten, ganz wie die Männer, dafür kämpfen, daß die jungen Generationen nicht mehr geopfert werden. Aber all das hat wenig damit zu tun, ob sie nun selbst Mutter oder Frau sind. Kurzum, Frauen sollten diese «weibliche» Argumentation ganz und gar fallenlassen, auch wenn und gerade weil man sie ermutigt, im Namen ihrer Weiblichkeit oder Mütterlichkeit für den Frieden zu kämpfen: Denn das ist ja gerade der Trick der Männer, die damit die Frauen wieder mal auf ihre Gebärmutter reduzieren wollen! Übrigens sind Frauen, die an die Macht kommen, nicht anders als die Männer. Das sieht man doch bei Indira Gandhi, Golda Meir, Frau Thatcher und anderen. Sie werden dann keineswegs plötzlich zu Friedensengeln ...

Alice: Nach dem Zweiten Weltkrieg sind Sie und Sartre zu militanten Intellektuellen geworden. Über Jahrzehnte haben Sie leidenschaftlich und aktiv, schreibend und handelnd in die Politik eingegriffen, um mehr Gerechtigkeit und Freiheit in diese Welt zu bringen. Sie hatten gewisse Hoffnungen in die Revolutionen in Rußland, in China und in Kuba gesetzt – und Sie haben Enttäuschungen hinnehmen müssen. Die französischen Verbrechen in Algerien während des Unabhängigkeitskrieges haben nicht nur Ihren öffentlichen und sehr mutigen Widerstand provoziert, sie haben Sie ganz persönlich auch in einem solchen Maße bedrückt, daß Sie nächtelang geweint haben, «aus Scham, eine Französin zu sein». Sie erzählen das in Ihren Memoiren. Und nun? Wie sehen Sie die aktuelle politische Entwicklung in der Welt im allgemeinen und in Frankreich im besonderen? Haben auch Sie Mitterrand gewählt?

Simone: Ja. Weil es dadurch doch ein wenig mehr Gerechtigkeit gibt. Mehr Steuern für Leute mit viel Geld und höhere Renten für Arme. Auch auf der feministischen Ebene gibt es einen gewissen Fortschritt. Yvette Roudy [die Ministerin des neu eingerichteten Frauenministeriums] ist immerhin ein Minister mit eigenem Budget. Sie gibt Frauen und gerade auch Feministinnen ziemlich viele Gelder für Forschung und Projekte. Sie setzt sich für die Verhütung und für die freie Abtreibung ein. Die Abtreibung soll sogar von den Krankenkassen übernommen werden. Aber sonst ... Ich habe ehrlich gesagt auch keine Wunder erwartet. Niemand kann Wunder machen und schon gar nicht in dieser schwierigen ökonomischen Lage ... Diese sozialistische Regierung muß sehr, sehr maßvoll und sehr vorsichtig auftreten. Sie kann nicht anders, weil sie sonst eine Revolution ins Auge fassen müßte. Und davon kann zur Zeit nicht die Rede sein. Ich selbst bin unter diesen Umständen und zu diesem Zeitpunkt nicht für eine gewaltsam erzwungene, eine blutige Revolution. Der Preis wäre zu hoch. Zur Diskussion steht also, leider, nicht eine vollständige Veränderung der Weltordnung. Es kann sich heute in Frankreich meiner Meinung nach unter diesen Umständen lediglich um eine kleine Linderung bestehenden Unrechts handeln.

Alice: Wir haben in diesem Gespräch so viel über Männer geredet, daß ich zum Abschluß an die Frau erinnern möchte, die seit über zehn Jahren in Ihrem Leben ist und heute, nach dem Tod Sartres, wohl auch der wichtigste Mensch für Sie ist: Sylvie le Bon, 39 Jahre alt, Studienrätin. So große Freundschaften zwischen Frauen sind selten.

Simone: Da bin ich nicht so sicher. So manche Frauenfreundschaft besteht, während Lieben vergehen ... Wirkliche Freundschaften zwischen Männern sind dagegen sehr, sehr selten. Zumal Frauen sich untereinander soviel mehr sagen.

Paris, September 1982

Bibliographische Hinweise

«Ich bin Feministin»: Erstveröffentlichung 1972 im *Nouvel Observateur*, Paris; die deutsche Übersetzung erschien, ebenfalls 1972, in der Zeitschrift *Pardon*.

«... durchaus zu kritisieren»: Dieses Gespräch mit Simone de Beauvoir und Jean-Paul Sartre ist Bestandteil eines 1973 realisierten NDR-Fernsehporträts und erschien, ebenfalls 1973, in der Zeitschrift *Kursbuch*.

«Das Ewig Weibliche ist eine Lüge»: Deutsche Erstveröffentlichung 1976 im Nachrichten-Magazin *Der Spiegel*.

«Frauen fallen nicht so tief runter...»: Erstveröffentlichung 1978 in der Zeitschrift *Emma*.

«Eine Wahl gegen diese Welt»: Deutsche Erstveröffentlichung in der Zeitschrift *Emma* 1980.

«Frausein genügt nicht»: Vorabdruck Dezember 1982 im Nachrichten-Magazin *Der Spiegel*.

Fotonachweis

Simone de Beauvoir

Romane
Erzählungen
Essays

C 2074/2

Simone de Beauvoir

Memoiren
Biographien

C 2074/3a

neue frau

Eine
Auswahl

ro
ro
ro

C 912 / 9a

neue frau

Eine
Auswahl

ro
ro
ro

C 912/8h

JEAN-PAUL SARTRE
DAS WERK IM ROWOHLT VERLAG

Eine Auswahl

ROWOHLT